职务犯罪
国际追逃追赃实务

杨兴国　著

ZHIWU FANZUI GUOJI ZHUITAO ZHUIZANG SHIWU

中国检察出版社

图书在版编目（CIP）数据

职务犯罪国际追逃追赃实务/杨兴国著．—北京：中国检察
出版社，2017.5
ISBN 978 - 7 - 5102 - 1858 - 3

Ⅰ．①职…　Ⅱ．①杨…　Ⅲ．①职务犯罪 - 研究 - 中国
Ⅳ．①D924.393.4

中国版本图书馆 CIP 数据核字（2017）第 054397 号

职务犯罪国际追逃追赃实务

杨兴国　著

出版发行：中国检察出版社
社　　址：北京市石景山区香山南路 111 号（100144）
网　　址：中国检察出版社（www.zgjccbs.com）
编辑电话：（010）68630384
发行电话：（010）88954291　88953175　68686531
　　　　　（010）68650015　68650016
经　　销：新华书店
印　　刷：保定市中画美凯印刷有限公司
开　　本：A5
印　　张：6.125
字　　数：155 千字
版　　次：2017 年 5 月第一版　2017 年 5 月第一次印刷
书　　号：ISBN 978 - 7 - 5102 - 1858 - 3
定　　价：30.00 元

前　言

　　职务犯罪国际追逃追赃工作是反腐败斗争的重要组成部分。加强对职务犯罪国际追逃追赃工作的实践总结和理性思考，不仅是推进职务犯罪国际追逃追赃工作深入开展的需要，也是促进反腐败斗争深入开展的需要。

　　参与职务犯罪国际追逃追赃工作实践，是过去十多年来我工作的一个方面。从个人体会看，职务犯罪国际追逃追赃工作有其自身的特点和规律。一是案件绝对数量比较少。我们国家绝大多数国家工作人员都是清正廉洁的，贪污受贿等职务犯罪的毕竟只是极少数，职务犯罪嫌疑人能够潜逃国外的更是极少数。很多侦查办案人员平时难以遇到此类案件、缺乏实战机会，致使一旦遇到此类案件，有的侦查办案人员就难免感到生疏甚至一时不知如何开展工作。二是职务犯罪嫌疑人外逃的社会危害性极其严重。职务犯罪嫌疑人潜逃国外，不仅挑战法律权威尊严，更重要的是具有极坏的负面效应。因此尽管案件绝对数量少，但其危害性决定了必须做到逃一个就追一个，直至将每个外逃的案犯都追捕归案、绳之以法，有力震慑潜在的腐败分子，遏制腐败蔓延的势头。三是工作难度比较大。职务犯罪国际追逃追赃工作，与查办一般职务犯罪案件相比，其工作难度和复杂程度都要大得多。这也决定了遇到此类案件，必须坚定信心，全力以赴，攻坚克难，奋力工作，不达目的、绝不罢休。四是专业性很强。职务犯罪国际追逃追赃工作涉及很多专业知识，这些专业知识对侦查办案人员而言可能平时很少使用，但关键时候又不可或缺。五是必须协同作战。目前职务犯罪仍主要由检察机关负责侦办，职务犯罪国际追逃追赃工作是检察机关义不容辞的职责。但是，做好职务犯罪国际追逃追赃工作，必须紧紧依靠党中央和地方各级党委的坚强领导，需要中央纪委和地方各级纪委强有力的组织协调，需要公安、外事、司法等各方面的协同努力。这也是职务犯罪国际追逃追赃工作最重要的经验。

我们党和国家历来高度重视职务犯罪国际追逃追赃工作。特别是党的十八大以来，党中央将其提到前所未有的高度予以重视、部署，取得了前所未有的成效，也创造和积累了很多新的宝贵经验。实践证明，尽管职务犯罪国际追逃追赃工作有其艰巨性、复杂性，但办法总比困难多，我们国家完全有能力、有办法将外逃职务犯罪嫌疑人追捕归案。长期的职务犯罪国际追逃追赃工作实践，对我是难得的学习机会。本着在干中学、学中干和边实践、边总结的精神，在日常工作中也有所积累、有所思考、有所感悟。特别是有幸向最高人民检察院的领导、同事和地方检察系统的同志们学习，有幸向中央纪委以及公安部、外交部、司法部等的领导和同志们学习，有幸向各方面的专家学者学习，更使我受益匪浅。本书主要是结合个人在学习、实践中的思考、体会，尝试就职务犯罪国际追逃追赃工作实务方面的问题进行较为全面的研究和阐述。由于这方面的理论研究成果众多，在写作过程中，力求实用，主要研究实际工作中的问题、操作层面的问题。力求简洁，尽量用较短的篇幅来研究、总结相关方面的情况。力求突出重点，在兼顾一般的同时，对若干个人认为需要深入展开的实务问题，如劝返在职务犯罪国际追逃中如何运用、违法所得没收程序适用中的重点和难点问题、遇到需要办案人员出国作证时如何准备和应对、职务犯罪国际追逃案件侦查取证中需要特别注意的问题等，进行较为详细的研究。

　　本书 2016 年上半年就已基本成稿，是立足于当时的职务犯罪国际追逃追赃工作格局来展开的。在付印之前，主要根据最高人民法院、最高人民检察院 2017 年 1 月 4 日发布的《关于适用犯罪嫌疑人、被告人逃匿、死亡案件违法所得没收程序若干问题的规定》，对书稿中的相关内容进行了充实。希冀本书能对实务部门的办案同志有所帮助，能为理论界提供一些研究的素材。同时，对书中不当之处，也恳请专家、读者批评指正。

　　本书在写作过程中，参考了专家学者的成果，在此深表谢意。特别是中央纪委国际合作局冯京友处长对书稿提出了许多宝贵的完善意见，令人感动、难忘。最后，我还要感谢中国检察出版社总编朱建华先生和编辑室主任史朝霞女士为本书出版所做的大量工作。

杨兴国

2017 年 1 月 16 日

目　　录

第一章　职务犯罪国际追逃追赃工作概述

　　近年来，贪污贿赂等职务犯罪嫌疑人外逃成为社会各界关注的热点之一。虽然贪官外逃只是极个别现象，但其危害十分严重，负面效应很大。党中央对职务犯罪国际追逃追赃工作高度重视。职务犯罪国际追逃追赃工作是反腐败斗争的重要组成部分，是检察机关肩负的重要政治任务。检察机关必须坚决贯彻党中央决策部署，在党中央的坚强领导下与各有关方面紧密协作，坚持追逃与防逃并重、追逃与追赃并重、追捕与劝返并重，切实加大国际追逃追赃工作力度，坚持不懈、持之以恒，将潜逃国外的职务犯罪嫌疑人缉捕归案，竭尽全力追缴赃款，有力维护法律权威，促进反腐败斗争的深入开展。

一、加强职务犯罪国际追逃追赃工作的重要性和必要性

　　党中央历来高度重视国际追逃追赃工作。特别是党的十八大以来，党中央将国际追逃追赃工作提高到前所未有的高度，作出重大决策和部署。2014 年 1 月 14 日，习近平总书记在十八届中央纪委第三次全会上强调：国际追逃工作要好好抓一抓，各有关部门要加大交涉力度，

不能让外国成为一些腐败分子的"避罪天堂"，腐败分子即使逃到天涯海角，也要把他们追回来绳之以法，五年、十年、二十年都要追，要切断腐败分子的后路①。2014年10月9日，习近平总书记在第十八届中央政治局常委会第七十八次会议上关于加强反腐败国际追逃追赃工作的重要讲话中，又再次强调：加强追逃追赃工作是向腐败分子发出断其后路的强烈信号，能够对腐败分子形成震慑，遏制腐败现象蔓延势头。随着反腐败力度不断加大，一些腐败分子把外逃作为后路。近期处理的这些案件，很多人都是以外逃作为后路，最后未遂，但都有这个打算。所以要以零容忍态度惩治腐败，不管腐败分子逃到天涯海角，也要把他们绳之以法，绝不能让其躲进"避罪天堂"、逍遥法外。要把追逃追赃工作纳入党风廉政建设和反腐败斗争总体部署，把反腐败斗争引向深入②。中共中央政治局常委、中央纪委书记王岐山同志在十八届中央纪委第三次全会工作报告中要求：强化与有关国家、地区的司法协助和执法合作，加大国际追逃追赃力度，绝不让腐败分子逍遥法外，给妄图外逃的腐败分子以震慑。十八届中央纪委第五次全会工作报告在部署2015年的主要任务时，将"加强国际合作，狠抓追逃追赃，把腐败分子追回来绳之以法"，作为七大任务之一

---

① 中共中央纪律检查委员会、中共中央文献研究室编：《习近平关于党风廉政建设和反腐败斗争论述摘编》，中央文献出版社、中国方正出版社2015年版，第98页。

② 中共中央纪律检查委员会、中共中央文献研究室编：《习近平关于党风廉政建设和反腐败斗争论述摘编》，中央文献出版社、中国方正出版社2015年版，第100页。

进行部署。十八届中央纪委第六次全会工作报告，再次对国际追逃追赃工作作出了重要部署。习近平总书记的重要讲话和王岐山书记在工作报告中的要求，深刻阐明了国际追逃追赃的重大意义，对做好国际追逃追赃工作作出全面部署并提出了新的更高的要求，为检察机关加强国际追逃追赃工作指明了方向。检察机关必须坚决贯彻落实党中央的决策部署，统一思想，提高认识，切实加强职务犯罪国际追逃追赃工作，把逃往国外的腐败分子追回来绳之以法，履行好在反腐败斗争中肩负的重要政治责任，抓实抓细，抓出成效。

国际追逃追赃工作是反腐败工作的重要组成部分，是党风廉政建设和反腐败斗争必须抓好的重大任务，不仅关系到法律权威，关系到反腐败斗争的成效，而且关系到党心民心，关系到国家形象和人民利益。一方面，在经济全球化的形势下，随着我国对外开放的不断深入，国际交往和人财物的流动更加频繁和便捷，跨国职务犯罪时有发生，一些职务犯罪嫌疑人为逃避法律制裁，伺机携款外逃。另一方面，由于潜逃境外多是长期经营、早有预谋，有的在作案时就有潜逃的企图或准备，不少在案发前就通过各种途径将聚敛的巨额不法资金偷偷转移出境，或者通过留学、移民等方式把子女、配偶先行转移出境，自己也提前办好了出国手续，一有风吹草动即迅速出逃，待司法机关立案查办时，早已杳无踪影。有的还逃到了与我国没有签订引渡、刑事司法协助条约等追捕难度较大的国家。这些都极大地增加了侦查和国际缉捕工作的难度。如果我们控制外逃无力，追逃力度和成效不大，不能及时将外逃案犯特别是那些数额大、级别高、影响极为恶劣的案犯追捕归案，任其逍遥法外得不到应有的惩处，就会助长腐败分子的侥幸心理，就会有更多的腐败分子去模仿，携款外逃就会发展蔓延，就会严重损害国家法制的尊严，动摇人民群众对党和国家反腐败的信心，甚至影响党和国家的国际形象。

近年来，面对贪污贿赂等职务犯罪嫌疑人携款潜逃国外逃避打击的新形势，检察机关积极应对，与有关部门携手合作，克服重重困难，加大职务犯罪国际追逃追赃国际合作，成功地将一批涉案金额巨大、负案在逃多年的犯罪嫌疑人从国外追捕归案，尤其是成功地将中国银行广东开平支行原行长余振东、江西省鄱阳县财政局经济建设股原股长李华波等重大案犯从境外追捕归案，河南省交通厅高速公路管理局原党委书记、河南省高速公路发展有限公司原副董事长黄玉荣、浙江省建设厅原副厅长杨秀珠等重大案犯回国投案自首，有力地惩治和震慑了腐败分子，维护了国家利益和法制尊严，增强了人民群众对反腐败斗争的信心，取得了良好的政治、法律和社会效果。同时，国际追逃追赃工作离党中央的要求和人民群众的期盼还有不少差距。究其原因，既有客观原因又有主观原因。我们认为，国际追逃追赃与国内追逃追赃有很大的差别，从客观上看，由于涉及相关国家的主权和司法权，需要得到外国政府及相关执法、司法机关等的理解、支持和配合，很多因素都一定程度上制约着国际追逃追赃工作的开展。一是外国政府的态度和能力。尽管国际追逃追赃工作主要是法律问题，但有时案件执法国际合作背后也可能牵涉或隐含着政治问题、外交问题，既取决于两国关系，也受制于相关国家的国内政治环境。外国政府对我国境外追逃追赃工作是否支持，直接或间接地影响着其执法、司法机关的工作。如果外国政府从国家关系、外交关系高度重视我国追逃追赃工作，其执法机关也就会全力支持我国工作。近年来随着我国外交工作的不断发展，以及世界各国对加强反腐败国际合作的共识不断增强，国际追逃追赃工作的有利条件不断增多，我们开展国际追逃追赃工作在外交上不存在障碍。但是，外国政府是否支持我国国际追逃追赃工作，与其是否有能力或者方便出面支持我国追逃追赃工作，有时还不是一回事。有时尽管两国关系很好，但外国政府可能受其国内法律的限制，或者受到其他国内因素影响，可能使外国政府也难以有比较大的作为，难以出面提供较大的帮助。二是相关执法机关的态度和能力。相关国家的警察、检察、移民、海关、税务等执法机关是否支持我国工作，对境外追逃追赃工作极为关键。因为要找到外逃的贪官及其转移到国外的赃款，最终实现追逃追赃的目标，均需要这些执法机关的支持和配合。如果执法机关高度重视、积极配合，他们就会尽力去查找逃犯和赃款的下落；如果他们不够积极，就会影响追逃工作的推进。同时，也取决这些机关的能力。如果执法机关能力强，工作效率就高；反之，如果能力不够强，效率就会低。三是法官的态度。外逃贪官不少也触犯所在国的行政或刑事法律，如非法移民、洗钱犯罪等，所在国有时可能要先对其审判，然后才能再遣返给中方。如果法官因为种种原因对中方抱有成见或者误解，就有可能影响其作出公正的判决，或者不能尽快作出判决。而对一般案件，外国政府一般也不会对法官施加影响。四是法律制度、诉讼程序和司法制度的差异。不少国家的法律制度、诉讼程序和司法制度与我国相差极大，有的程序非常烦琐、效率低下，在我国很快能办完的案子，在国外有可能需要几年才能审结，从而使得有的外逃腐败分子可能难以在短期内通过国际合作途径将其追捕归案。这种法律上的差异对追逃追赃工作影响尤为明显，因为法律制度不以人的意志为转移，一旦逃犯被有关国家追诉或者启动引渡、遣返等程序，就需要按照有关国家的法律来办理，使得很多工作相当复杂。以上四个方面的问题说明，国外追逃追赃工作与国内追逃追赃工作相比，客观上是一项艰难、复杂、敏感，有时甚至是旷日持久的工作。

尽管国际追逃追赃工作受到多种因素的影响，但我们对国际追逃追赃工作更应坚定必胜的信心。一是惩治腐败是国际社会的共识，《联合国反腐败公约》《北京反腐败宣言》等都表明了国际社会共同惩治腐败的坚定决心，没有任何一个国家会收留、庇护外逃的腐败分子。腐败分子以为逃匿国外就能逃避法律制裁，不过是痴心妄想，最终都会被追捕归案。二是随着我国国力的日益增强和外交工作的不断加强，我国国际地位不断上升，这为开展反腐败国际追逃追赃工作提供了坚强后盾。特别是党和国家领导人亲自与有关国家领导人磋商国际追逃追赃工作，为反腐败国际合作提供了强大的政治动力和政治支持。有党中央的坚强领导，有伟大祖国做坚强后盾，有人民群众的大力支持，有国际社会的支持配合，国际追逃追赃工作就没有克服不了的困难。三是随着中国执法、司法机关与外国执法、司法机关在包括反腐败国际合作在内的各个领域合作的不断深入，双方关系不断紧密、融洽、友好，使得在反腐败国际追逃追赃具体合作层面工作将会日趋顺畅、高效。四是随着全面依法治国的推进，特别是党的十八届四中全会通过的《中共中央关于全面推进依法治国若干重大问题的决定》，明确将"深化司法领域国际合作，完善我国司法协助体制，扩大国际司法协助覆盖面。加强反腐败国际合作，加大海外追赃追逃、遣返引渡力度"，作为全面推进依法治国的重要任务，我国国际追逃追赃工作的法制将会更加健全，与有关国家缔结的引渡、刑事司法协助条约等将会更多，这些都将为反腐败国际合作提供有力的法律支撑。五是我国国际追逃追赃工作体制机制日益健全，国际追逃追赃工作合力不断增强，能力不断提升。特别是十八大以后，中央成立中央反腐败协调小组国际追逃追赃工作办公室，各省市也成立了相应的追逃追赃工作办公室，有效地整合了纪检监察、审判、检察、外交、公安、安全、司法以及金融监管等各方面的力量、资源和优势，强化了对国际追逃追赃工作的统筹协调，为国际追逃追赃工作提供了有力保障，极大地提升了我国国际追逃追赃工作的组织协调能力、快速反应能力和整体突破能力。总之，在党中央的坚强领导下，我们国家有能力、有信心、有办法将外逃职务犯罪嫌疑人追捕归案，国际追逃追赃和防逃工作也会不断取得新进展和新成效。

从主观方面看，绝大多数检察机关对国际追逃追赃工作都很重视，与有关部门一起做了大量卓有成效的工作。特别是近年来，各地认识不断提高，工作力度不断加大，以往有的地方工作中存在的重视不够，不会、不懂国际追逃追赃等问题，也逐步得到了比较好的解决。一是思想上必须高度重视，坚决克服重办案、轻追逃的思想，坚决克服嫌疑人外逃后追逃主要靠上级检察机关的等靠思想，等等。对于有的案件，在经过多年努力一时没有结果的，要克服松懈思想，绝不能放松工作。二是侦查取证、固证工作必须及时、必须得力、必须扎实。各地检察机关发现嫌疑人外逃后，侦查工作必须及时展开，必须及时收集、固定犯罪证据，必须及时追查赃款赃物下落并依法采取查封、扣押、冻结等措施。坚决防止时过境迁，有的涉案公司、单位都不存在了，证人也找不到甚至出国、病故等问题的出现，确保国际追逃追赃工作能有效开展。三是工作思路必须开阔。特别是要善于运用各种资源和渠道，想方设法、积极主动地去收集、掌握逃犯在国外的信息，为追逃追赃工作提供支持。四是工作必须保持连续性。要有锲而不舍、持之以恒的精神和决心，境外追逃追赃工作绝对不能虎头蛇尾，随着领导和承办人的变化，外逃案件必须有人负责继续查办，承办人工作变动或退休时必须做好工作交接，以免影响后续工作的开展。总之，过去追逃追赃工作中存在的这样那样的问题，归根结底其实就是决心问题和能力问题。很多地方国际追逃追赃工作成效显著，也是因为有坚定的决心，并且在实战中不断提高国际追逃追赃能力和水平。因此，只要坚定决心，提高能力，真抓实干，锲而不舍，国际追逃追赃工作就一定能取得突破性进展，不断取得新成效。

二、职务犯罪国际追逃追赃的主要任务、途径和依据

职务犯罪国际追逃追赃工作，简言之，主要是完成三个方面的任务，达到三个方面的目的。一是将犯罪嫌疑人从国外追捕归案，不管逃到天涯海角都要将其绳之以法，从而断掉腐败分子的后路，震慑潜在的腐败分子。二是将犯罪嫌疑人转到国外的赃款赃物予以追回，既挽回国家的经济损失，又切断外逃腐败分子的生活来源，使其纵使一时能逃到国外也无法在国外长久生存。三是从国外获取有关犯罪证据，为指控和惩治职务犯罪提供证据支持。

职务犯罪国际追逃追赃工作，主要途径是国际刑事司法协助。国际刑事司法协助制度是指主权国家之间，根据缔结或者参加的国际条约，或者在没有条约的情况下，根据互惠原则，相互请求，相互协助，代为进行某些刑事诉讼行为的活动。刑事司法协助的范围是指国际刑事司法合作的内容，广义上的刑事司法协助包括：代为调查取证；送达刑事诉讼文书；移交物证、书证和视听资料；扣押、移交赃款赃物；通报诉讼结果；提供犯罪记录；引渡；刑事诉讼移管；被判刑人移管等。而狭义上的刑事司法协助则不包括引渡，刑事诉讼移管，被判刑人移管。职务犯罪国际追逃追赃是国际刑事司法协助制度的重要组成部分，职务犯罪追逃追赃工作中的刑事司法协助是广义的司法协助，是反腐败国际合作的主要方面。目前，在司法协助的具体途径和渠道方面，一是外交途径，如根据我国的引渡法，要引渡外逃的职务

犯罪嫌疑人必须通过外交部提出。二是公安部与外国的警务合作途径，包括通过国际刑警组织渠道与各国警方的合作。中共中央办公厅、国务院办公厅《关于进一步规范刑事诉讼涉案财物处置工作的意见》，规定公安部确定专门机构统一负责到境外开展追逃追赃工作。这有利于充分发挥公安部驻外警务联络官的作用，有利于加强职务犯罪国际追逃追赃工作，形成追逃追赃工作合力。三是司法部途径，对于中外双方缔结的刑事司法协助条约规定司法部为中方中央机关的，应当通过司法部向外方提出刑事司法协助。四是检务合作途径，既包括最高人民检察院与外国检察机关或有关执法机关直接联系途径，也包括地方检察机关与周边国家的执法机关之间的合作途径，等等。总之，对与我国签订有刑事司法协助条约的国家，或者虽然没有条约但存在互惠关系的国家，承办案件的检察机关可以将需要协助的事项书面层报最高人民检察院，由最高人民检察院直接，或者商请外交部、公安部、司法部出面请有关国家的有关部门提供司法协助。需要注意的是，将来国家监察体制改革全面推行后，上述途径和渠道也会随改革的到位而调整。对于将来的监察委员会与国外合作的途径和渠道，本书暂不对此展开研究。因而，本书仍是立足于目前的实际而展开写作，同时相信对过去实践的研究也会对未来的工作有所帮助。

以上追逃追赃途径都有各自的优势，实践中要根据每个案件的具体情况而研究确定。同时，各种途径之间也应优势互补、结合使用。各地检察机关作为职务犯罪案件的侦查主体，无论是通过哪种途径开展工作，都要做好侦查取证等各个方面的工作，为开展国际追逃追赃奠定坚实的基础。2011年2月，涉嫌贪污犯罪的江西省鄱阳县财政局经济建设股原股长李华波潜逃新加坡案发后，检察机关迅速对其立案侦查并通过国际刑警组织渠道进行国际通缉。与此同时，新加坡警方也以李华波触犯新加坡法律涉嫌犯罪对其立案并拘捕。对李华波案，中央领导同志高度重视，多次作出重要指示。最高人民检察院曹建明检察长与新加坡三任总检察长多次磋商执法执法国际合作。虽然中新两国尚未缔结引渡、刑事司法协助条约，但两国检察机关依照共同批准加入的《联合国反腐败公约》和司法协助互惠原则，以检务合作为主渠道，并在两国外交、警方等各方面的密切配合下，最终使得在新加坡服刑期满后的李华波于2015年5月被遣返回国。李华波案成功追逃追赃，既是两国检察机关务实合作的典范，也是国内和新方各方面共同努力的结果，而侦查取证工作扎实、全面则为国际追逃追赃顺利推进奠定了基础①。

我国《刑事诉讼法》第17条规定："根据中华人民共和国缔结或者参加的国际条约，或者按照互惠原则，我国司法机关和外国司法机关可以相互请求司法协助。"《人民检察院刑事诉讼规则（试行）》第676条规定："人民检察院进行司法协助，有我国参加或者缔结的国际条约规定的，适用该条约规定，但是我国声明保留的条款除外；无相应条约规定的，按照互惠原则通过外交途

———————
① 戴佳：《跨国缉贪：逃之天天？回头是岸！——李华波案追逃追赃工作纪实》，载《检察日报》2015年5月10日。

径解决。"开展职务犯罪国际追逃追赃工作，推进刑事司法协助的依据主要有国际条约、互惠原则。其中，国际条约是国际法主体之间以国际法为准则而确立的关于相互权利和义务关系的书面协议，包括多边条约和双边条约，如公约、条约、议定书、宪章、联合声明等，是国家间开展刑事司法协助的最可靠依据。近年来，我国在缔结或参加刑事司法协助条约方面作出了不懈努力，为司法机关开展和加强刑事司法协助提供了重要依据。目前，我国不仅加入了《联合国反腐败公约》等多个多边国际公约，还与很多国家签署了引渡条约、刑事司法协助条约，并向中国驻多国的使领馆派驻了警务联络官。《联合国反腐败公约》是第一个旨在全面打击和预防腐败的国际公约，就反腐败国际合作涉及的引渡、被判刑人的移管、司法协助、刑事诉讼的移交、执法合作等均作了详细规定，有力地促进了反腐败的国际合作。根据《联合国反腐败公约》的规定精神，即使没有签署双边司法协助条约、移管被判刑人条约，仍可依据《联合国反腐败公约》的规定，开展旨在达到司法协助、引渡、移管效果的国际司法协助活动。互惠原则即没有刑事司法协助条约关系的国家之间，可以按照互惠原则相互提供司法协助。当我国与有关国家方面没有缔结司法协助条约时，可以按照互惠原则请求对方提供司法协助，并在对方今后类似案件中需要我国协助时我国也将为其提供类似协助。此外，我国在1984年就正式加入了国际刑警组织。国际刑警组织是世界性警察合作和咨询机构，其宗旨是"保证和促进各国刑事警察当局之间尽可能的互相协作"，各成员国通过国际合作可以相互查询刑事犯罪资料，互发通缉令，协作缉捕犯罪分子。因此，成为该组织的成员国，就与该组织各成员国的警察机构在交换情报、协助侦查方面建立了互助关系。此外，还可以与有关国家按照国际惯例或者双方在以往司法实践中形成的协助惯例进行合作。

目前我国虽然已经与有关国家签订了一定数量的司法协助、引渡和移管被判刑人条约，为通过正式的司法协助途径开展境外追逃追赃工作奠定了一定的基础，但总体上还不能适应境外追逃的需要。随着我国对外交往的日益扩大，正式的司法协助途径仍是我国开展国际追逃追赃工作的主要渠道和发展方向。我国也将加快与更多国家进行签订引渡、刑事司法协助条约的谈判步伐，为引渡犯罪分子和开展刑事司法协助提供法律依据。

三、职务犯罪国际追逃追赃必须坚持的原则

开展职务犯罪国际追逃追赃工作，应当坚持刑事司法协助的有关原则。国家间开展国际司法协助，必须遵循一些具有普遍意义的、适用于国际司法协助所有范围的法律准则，即国际刑事司法协助的基本原则。其中最重要的有国家主权原则和平等互利原则。坚持国家主权原则，意味着国家间在开展司法协助时，取决于有关国家的自愿，而不得采取威胁、强迫等手段强求别国协助；一国司法机关除非得到外国同意，否则不得在外国领域内进行司法活动，如询问证人、调查取证等；诉讼活动不得损害被请求国的公共秩序，或者公共政策，如被请求国的政治、法律制度、国家基本法律、国家安全和民族风俗等；被请求国使用本国法律进行诉讼或者作出判

决，请求国司法机关应当尊重；政治犯和本国公民不引渡，等等。在职务犯罪国际追逃追赃工作中坚持并贯彻国家主权原则，是必须遵循的行为准则，是硬性的纪律要求，是绝对不可触碰的高压线。在实际工作中，特别要注意的是尊重对方的主权和法律制度，只有得到有关国家的同意，办案人员才能到有关国家开展工作，才能同有关人员如外逃犯罪嫌疑人、证人等在国外见面、取证。否则，不仅可能达不到追逃追赃工作的目的，而且可能还会引发严重的后果。因此，办案机关和办案人员必须严格遵守有关规定，绝对不能擅自到国外办案。

坚持平等互惠原则，意味着各国在开展司法协助时，无论国家大小、强弱、贫富、政治、司法制度和经济发展如何，其法律地位是平等的，彼此之间都要相互尊重，平等地开展协助行为；各国在相互交往中，应该使司法协助行为有利于双方，而不能以损害对方的利益来满足自己的要求。在职务犯罪国际追逃追赃工作中坚持并贯彻平等互惠原则，实际工作中需要注意的问题，一是要对等互惠。重视对方关切，依法积极办理、妥善处理对方提请中方协助的案件，做到相互协助、相互支持、互惠互利，这样双方在刑事司法协助领域的合作才能持久、深入。二是要相互尊重。我国是大国，特别是随着国家的发展，我国的综合实力、国际地位和影响力还将不断上升。而国与国之间是平等的，双方执法人员理应相互尊重。中国自古就是礼仪之邦，工作中更需要善于通过尊重对方，从而赢得对方对我方的尊重和对工作的支持、理解与配合。办案人员在对外交往中如果没有平等相待、相互尊重的思想，甚至流露出大国心态，不仅有失外交礼仪，而且会严重影响双方执法人员的合作，不利于建立良好的工作关系，不利于增进双方的感情和互信。必须坚决避免出现此类情况。三是通过友好协商解决工作中遇到的问题和困难。职务犯罪国际追逃追赃工作中，难免会遇到包括法律障碍在内的很多问题。如遇到相关国家的法律规定、诉讼程序与我国法律规定不一致甚至存在冲突时，应当在不违背我国法律基本原则的前提下，在对等互惠的基础上通过友好协商加以解决。四是根据不同国家的不同情况采取相应的措施。每个国家的历史文化、社会制度、宗教信仰、国民性格等都不尽相同，在职务犯罪国际追逃追赃工作中，不同国家对执法合作的关切点也会不同。必须充分考虑这些差异，采取有针对性的策略和措施，做到因案施策、因国施策，而不可主观臆断。

开展职务犯罪国际追逃追赃工作，必须遵守我国宪法和法律规定，必须与国家的整体利益保持一致，必须服从国家的整体外交，坚决防止因个案处理不当，损害我国的主权、安全和公共利益。这些重要原则，必须不折不扣地贯彻、落实到国际追逃追赃工作的各个环节和各个方面。

四、职务犯罪国际追逃追赃的程序、费用

职务犯罪国际追逃追赃工作，要严格遵照《人民检察院刑事诉讼规则（试行）》（以下简称《规则》）关于检察机关刑事司法协助的规定和程序办理。根据该《规则》，最高人民检察院是检察机关办理刑事司法协助事务的最高主管机关。地方各级人民检察院需要向外国请求

提供司法协助的，应当提出司法协助请求书、调查提纲、所附文件及相应译文，经省级人民检察院审核后，报送最高人民检察院。最高人民检察院收到地方检察机关请求外方提供司法协助的材料后，经审查，对符合提出司法协助请求的，如果有关条约规定最高人民检察院为司法协助的中方中央机关，由最高人民检察院直接与有关国家对应的中央机关联系和转递司法协助文件及其材料；如果条约规定其他机关为中方中央机关，则转由其他中方中央机关办理。对不符合提出司法协助请求的，则应退回提出请求的人民检察院补充或者修正。司法协助是相互的，对外国请求司法协助的案件，我国有关检察机关应当认真办理。

关于刑事司法协助的费用。我国已经缔结的司法协助条约对司法协助费用都作了规定。检察机关请求外国提供司法协助，根据条约规定应当支付费用的，承办案件的人民检察院应支付有关费用。如果双方没有签订司法协助条约，按照对等原则办理。

第二章 职务犯罪国际追逃的主要途径和措施

多年来，为了将外逃职务犯罪嫌疑人追捕归案，检察机关会同有关机关积极实践，探索和积累了很多好的经验和做法，初步形成了追逃工作的有效机制。通俗地讲，职务犯罪国际追逃就是坚持"两条腿走路"，一是通过引渡、遣返等"硬措施"强制性地将外逃案犯追捕归案，二是通过劝返这种"软措施"促使逃犯主动回国投案自首。加强今后的追逃工作，必须坚持双管齐下，追捕与劝返相互结合、相互促进，综合运用各种有效途径和措施追捕逃犯。

一、及时申请发布红色通报，为开展国际追逃提供依据

对外逃犯罪嫌疑人开展引渡、遣返甚至劝返的一个重要前提，就是通过国际刑警组织对犯罪嫌疑人发布了红色通报（俗称红色通缉令），确定其逃犯身份，从而为国际追逃工作创造有利条件。办案部门一旦经过核实，确定犯罪嫌疑人已经外逃后，需要进行国际通缉的，要及时填报《红色通报申请表》，并备齐相关法律文书等材料，层报最高人民检察院，商请公安部国际刑警组织中

— 17 —

国国家中心局办理国际通缉手续，为开展境外追逃工作提供法律依据。

1. 发布红色通报的，按照有关规定，需满足相关的条件

第一，对象必须是检察机关已经立案侦查的犯罪嫌疑人，没有立案侦查就不能进行国际通缉。第二，必须对犯罪嫌疑人采取了逮捕措施。由于犯罪嫌疑人大多数都是在检察机关立案前就已经潜逃国外，等到检察机关立案时有的案件如贪污、挪用公款虽然有账可查，但有些问题在犯罪嫌疑人未归案前也难以查清；有的案件，如贿赂案件收集犯罪证据的难度本来就很大，有些事实在犯罪嫌疑人未归案时更难完全查清，致使外逃案件证据多数都难以收集到位，更不可能做到确实、充分。因此，对外逃案件，不能完全机械地按照有关规定把握逮捕的证明标准，否则有的案件就难以及时作出逮捕的决定，从而导致无法发布红色通报，进而影响国际追逃工作的开展。尤其是对于大案要案的外逃犯罪嫌疑人，该逮捕的就逮捕，以便为国际通缉提供法律手续。如果将来有关规定允许只要有拘留手续就可以，更应及时提请发布红色通报，以切实解决不敢、不会运用红色通报开展国际追逃的问题。第三，必须上公安追逃网。对于职务犯罪嫌疑人潜逃的案件，无论是潜逃到国外或境外，还是在国内潜逃，必须一律上公安追逃网进行追逃。这既是发布红色通报的前提条件之一，也是开展国际通缉的客观需要。例如，犯罪嫌疑人逃到国外后，在有关国家办理移民手续时，如果对该犯罪嫌疑人没有上公安追逃网追逃，犯罪嫌疑人通过国内亲属就有可能从国内公

安机关开出没有犯罪记录或者没有受到刑事追诉的证明材料等。加之又没有发布红色通报，相关国家的执法部门通过国际刑警组织核查时，也不会发现其逃犯身份。实践中，个别案件直到相关国家执法部门通过我国国内有关方面再次核查时，才发现是外逃的犯罪嫌疑人。因此，对检察机关立案侦查的职务犯罪案件，各地必须严格执行有关规定，只要犯罪嫌疑人已经潜逃的，首先就要上公安追逃网追逃。在完成以上工作后，就可以填报《红色通报申请表》，经省级人民检察院审查同意后，以省级人民检察院名义向最高人民检察院提出书面请示报告。

2. 严格、规范地办理红色通报

提请对职务犯罪嫌疑人进行国际通缉的，需同时提交《红色通报申请表》、立案决定书、逮捕证、在逃人员信息表、犯罪嫌疑人照片。《红色通报申请表》应当制作中、英文各一份。表中"简要案情"，要简要写明作案时间、地点、手段、涉案数额内容，对犯罪嫌疑人的犯罪事实做出概括性的描述。犯罪嫌疑人照片可通过公安机关户籍资料复制或扫描，亦可利用犯罪嫌疑人近期照片扫描制作。《红色通报申请表》和犯罪嫌疑人照片一律制作成电子文档，通过检察专线网发送最高人民检察院有关业务部门，但是省级人民检察院仍应有正式的书面请示报告，并附其他材料。《立案决定书》《逮捕证》等法律文书可提供复印件，法律文书的编号、日期需填写清楚，印章要清晰。《在逃人员信息表》需从公安追逃网下载，不能自行填写。各地检察机关办案人员要认真研究《红色通报申请表》的填写说明和有关要求，严格按规定办理红色通报手续，提高工作效率，从而避免因填报不规范而发回重新填报，做到不走、少走弯路。

3. 及时撤销缉控措施

外逃犯罪嫌疑人归案后，要及时层报最高人民检察院，通过公安部国际刑警组织中国国家中心局办理撤销国际通缉手续，并撤销有关国内缉控措施。

二、积极通过引渡合作开展国际追逃

引渡是国际间开展跨国追逃合作中最为重要、有效和规范的一种措施。自 1993 年 8 月 26 日与泰国缔结第一个双边引渡条约开始，我国已经与 41 个国家签署了引渡条约，不仅与周边邻国如俄罗斯、韩国等建立了比较普遍的双边引渡合作关系，而且与西方国家缔结引渡条约也日趋增多，目前已经与西班牙、法国、澳大利亚（尚待澳大利亚国内批准）等西方国家缔结了引渡条约。在此基础上开展了引渡合作，不仅将多名职务犯罪嫌疑人成功引渡回国，也为运用引渡追逃积累了成功经验。

1. 依据双边引渡条约开展国际追逃

双边引渡条约规定了引渡合作的具体条件和程序，不仅使引渡合作从国际礼让变为国际义务，使其有章可循并不易受某些外交风波或者功利因素的影响，而且往往还包含某些优惠制度，从而使缔约各方可以解决在合作中遇到的法律问题或困难①。例如，陈满雄和陈秋园夫妇引渡案，就是通过《中华人民共和国和泰王国引渡条

---

① 黄风、赵林娜主编，张磊执行主编：《国际刑事司法合作：研究与文献》，中国政法大学出版社 2009 年版，第 4 页。

约》进行国际追逃的经典案例之一。陈满雄和陈秋园夫
妇原为广东省中山市实业发展总公司经理、法人代表,
"二陈"伙同他人共同挪用巨额公款。1995 年 6 月,广
东省中山市人民检察院对"二陈"以涉嫌挪用公款罪立
案侦查时,已逃往泰国。检察机关依法及时决定逮捕,
通过国际刑警组织发布红色通报。经中泰双方努力,于
2000 年 8 月在泰国清迈市被抓获。同年 11 月,清迈府法
院以"非法入境、非法居留、非法持有和使用骗取的证
件罪"判处陈满雄有期徒刑 27 年 8 个月,判处陈秋园有
期徒刑 22 年 8 个月。因认罪减刑一半,分别决定执行 13
年 10 个月和 11 年 4 个月。2000 年 12 月,最高人民检察
院通过外交部正式向泰王国外交部提出引渡"二陈"的
请求。2002 年 11 月,泰国最高法院作出准予引渡"二
陈"回中国受审的判决。同年 12 月 26 日,"二陈"被临
时引渡押解回国。2005 年,广东省高级人民法院终审判
处陈满雄无期徒刑,判处陈秋园有期徒刑 14 年。2006
年,"二陈"被送回泰国继续服刑。2008 年 8 月,泰国
法院最终裁定准予将"二陈"引渡回中国,同年 11 月,
"二陈"从泰国被引渡回国继续服刑①。在此案引渡合作
中,根据双方缔结的引渡条约,先运用"临时引渡"机
制将"二陈"引渡回国,在查明犯罪基础上,完成了审
判工作。中国政府严格信守承诺,在临时引渡期满后,
有关方面将其及时送回泰国服刑,最终将他们引渡回国。
这是双方以引渡条约为依据,相互信任、友好合作的

---

① 石言志:《引渡巨鳄"二陈"》,载《方圆》2004 年第 10 期;《中国
"第二巨贪"挪用 4 亿多公款被引渡回国》,载新华网,2008 年 11 月 21 日。

结果。

双边引渡条约还在很大程度上简便了引渡程序，提高了合作效率，特别是在提供支持引渡请求的证据资料方面，我国与外国缔结的绝大多数双边引渡条约采取的是"零证明标准"，即只要求请求方提供对被请求引渡人签发的逮捕令以及有关的案情摘要，不要求提供相关的犯罪证据[①]。如 2002 年 2 月 27 日，最高人民检察院依据《中华人民共和国和俄罗斯联邦引渡条约》，向俄罗斯总检察院提出引渡吉林省辽源市贪污案犯罪嫌疑人王德宝的请求，王德宝于同年 4 月 30 日就被引渡回国[②]。此案之所以仅用两个多月时间就将王德宝引渡回国，就是因为两国之间的引渡条约采纳的是"零证明标准"，这不仅提高了合作效率，也体现了双方的互信和友好关系。

2. 无双边引渡条约下的引渡合作

在无双边引渡条约时，也可以依据互惠原则或者依据多边国际公约引渡在逃的职务犯罪嫌疑人。如袁同顺引渡案，就是中日双方本着平等互惠原则，虽然无双边引渡条约，最终仍将其成功引渡回国的案例。袁同顺原系辽宁省大连市某国有企业副总经理。2004 年 4 月，大连市人民检察院以涉嫌挪用公款犯罪对其立案侦查，并决定对其逮捕。但袁同顺已于 2004 年 3 月 27 日，由大连出境逃往日本，投奔已加入日本国籍的妻子。最高人

---

① 黄风、赵林娜主编，张磊执行主编：《国际刑事司法合作：研究与文献》，中国政法大学出版社 2009 年版，第 5 页。

② 董长征：《巨贪化名潜藏俄罗斯：中俄司法引渡第一案纪实》，载《检察日报》2003 年 6 月 12 日。

民检察院通过国际刑警组织中国国家中心局对其发布红色通报，袁同顺在日本期间，为继续藏匿境外，曾多次申请移民他国，但都因其被国际刑警组织通缉而被拒绝。2007 年 1 月，最高人民检察院通过外交部向日本提出引渡袁同顺的请求并提供其涉嫌犯罪的证据资料。同年 3 月，日本东京高等检察厅根据日本法务相要求，对中方的引渡请求进行审查。在审查过程中，袁同顺否认犯罪事实，并提出一旦回国可能会被当作政治犯遭到迫害，但日方认为，"有充分理由怀疑此人曾犯罪。没有迹象显示此人有因涉嫌政治犯罪而被执行刑罚之虞"，从而作出准予引渡的决定。同年 5 月 8 日，日本东京高等法院作出引渡袁同顺回中国的裁定；5 月 10 日，日本法务大臣签发了引渡令，当日下午中日双方执法人员在东京办理了引渡交接手续。这是中日两国对职务犯罪嫌疑人开展的首例引渡合作案件，也是 17 年来日方再次向中国引渡在逃犯罪嫌疑人[①]。而在此前的 1990 年 4 月 28 日，依据中日双方均为缔约国的 1970 年《关于制止非法劫持航空器的公约》（即《海牙公约》），成功地将劫机犯张振海引渡回中国审判。这是中日双方以多边公约为依据开展引渡合作的经典案例，不仅当时在两国产生了巨大的影响，而且对世界其他国家开展类似案件的引渡合作产生了深远影响。

　　当前，我国与外国签订的引渡条约还不足以满足职务犯罪国际追逃的需要。而与有关国家缔结引渡条约又

---

　　① 张立：《最高检披露日本首次向中国引渡贪污嫌疑人详情》，载《检察日报》2007 年 5 月 12 日。

是非常复杂的工作，涉及很多因素，有时需要一个比较漫长的过程。对袁同顺、张振海的成功引渡，说明在没有双边引渡条约的情况下，同样可以开展引渡合作。日方主要是根据日本《在逃犯罪人引渡法》的有关规定，日本外务省应外国的请求，经过法务省的行政审查和高等法院的司法审查后，可以决定引渡外国逃犯。依照我国的引渡法，我国开展引渡合作也不以双边条约为前提，而是在平等互惠的原则下与其他国家开展引渡合作。而在引渡张振海时，我国当时还没有引渡法，因为2000年12月28日全国人大常委会才通过我国的《引渡法》。因此，将来在开展引渡职务犯罪嫌疑人工作时，检察机关要充分研究对方国家的国内法、多边条约，以及我国的引渡法，依据互惠原则或多边国际公约，努力拓宽引渡合作渠道，积极开展无双边引渡条约的合作。

要积极探索运用《联合国反腐败公约》，推动开展国际追逃包括引渡职务犯罪嫌疑人的国际合作。2003年10月31日，第58届联合国大会通过了《联合国反腐败公约》，我国政府于2003年12月10日签署该公约，并于2005年10月27日由第十届全国人民代表大会常务委员会第十八次会议决定批准该公约。公约已经于2005年12月14日生效。我国签署并批准该公约，就可以与公约有关缔约国开展反腐败各个领域的相互沟通信息，相互提供帮助，相互开展司法合作和司法协助，从而为我国开展包括引渡在内的反腐败国际合作提供了广阔平台。按照公约要求，各缔约国均应当指定一个中央机关，使其负责和有权接受司法协助请求并执行请求或将请求转交主管机关执行。我国明确指定最高人民检察院为实施公

约所涉及司法协助的中方中央机关后，最高人民检察院
积极探索，为拓宽合作渠道，与有关国家相关机关一起，
发起成立了国际反贪局联合会。此外，最高人民检察院
积极加强与国外相关机关的交往，拓宽检务合作渠道，
与有关国家的最高检察院（总检察院、检察厅等）、司法
部、最高法院等签订了大量的合作协议、会谈纪要、会
晤纪要、合作协议谅解备忘录、联合声明等，为中国检
察机关与相关国家的检察、司法机关加强合作奠定了基
础和依据，已经在职务犯罪国际追逃追赃合作中发挥了
积极作用，也为将来开展无双边引渡合作创造了有利条
件。因此，探索运用《联合国反腐败公约》等机制开展
引渡合作，是加强国际追逃工作的一个重要努力方向。

3. 严格依法开展引渡合作

引渡作为一种国家行为，必须严格依法进行。《中华
人民共和国引渡法》第三章用专章规定了"向外国请求
引渡"，这是检察机关开展引渡外逃职务犯罪嫌疑人工作
必须遵守的法律规范。依照该法规定，承办案件的检察
院应当以本院名义层报省级人民检察院向最高人民检察
院提出引渡请求书，并附有关文件（如相关法律文书、
犯罪嫌疑人的身份证明等）和材料（如涉嫌犯罪的主要
证据）及其经证明无误的译文，经最高人民检察院会同
外交部审核同意后，由外交部向犯罪嫌疑人所在国提出
引渡请求。引渡合作过程中，需要补充证据资料的，办
案单位应及时组织人员调查或提供案件相关证据资料。
紧急情况下，可在正式提出引渡请求前，通过外交、国
际刑警组织或者被请求国同意的其他途径，要求该国对
犯罪嫌疑人先行采取强制措施，保证引渡的顺利进行。

引渡合作都是在外交部、最高人民检察院、公安部等中央机关的统一组织、协调下进行的，地方检察机关主要是在中央机关的指导下开展相关工作。为此，这里仅简要研究三方面的问题。

一是认真准备引渡请求书和相关材料。首先，要认真制作引渡请求书。根据我国《引渡法》第49条的规定，引渡请求所需的文书、文件和材料，应当依照引渡条约的规定提出；没有引渡条约或者引渡条约没有规定的，可以参照该法的有关规定（即外国向我国请求引渡的相关要求）提出；被请求国有特殊要求的，在不违反我国法律的基本原则的情况下，可以按照被请求国的特殊要求提出。我国与有关国家缔结的引渡条约也都规定，引渡请求应当以书面形式提出，并且包括或附有有关文件。引渡请求书的内容一般有：（1）请求机关的名称；（2）被引渡人的姓名、年龄、性别、国籍、身份证件、职业、住所地或者居所地，以及其他有助于确定该人身份和可能的所在地点的资料；如有可能，有关该人外表的描述及其照片和指纹；（3）有关案情的说明，包括犯罪行为及其后果的概述，如说明行为发生的时间、地点、后果，该行为的定性，行为和后果导致的物质损失的情况等；（4）有关该项犯罪的刑事管辖权、定罪、刑罚的法律规定；（5）有关追诉时效或者执行判决期限的法律规定。其次，要提供有关的法律文书以及附属材料，如为了提起刑事诉讼而请求引渡的，应当附有逮捕证或者其他具有同等效力的文件的副本；为了执行刑罚而请求引渡的，应当附有发生法律效力的判决书或者裁定书的副本；对于已经执行部分刑罚的，还应当附有已经执行刑期的证明。

引渡条约还有其他要求的，按规定办理并提供。最后，根据引渡条约的规定，提供必要的犯罪证据或者证据资料；如果无双边引渡条约的，按照多边国际公约或者协商办理。

二是妥善应对引渡合作中遇到的问题。引渡合作中必然会遇到各种各样的问题，需要我们依法积极、妥善地应对。首先，要认真研究法律适用问题。引渡合作的前提之一，是必须符合"双重犯罪原则"。即引渡请求所指的行为，依照请求国和被请求国法律都构成犯罪，而不是只依照一国法律构成犯罪，否则就难以开展引渡合作。但是，根据我国缔结的引渡条约，如《中法引渡条约》《中西（西班牙）引渡条约》等的规定，在确定某一行为是否构成双重犯罪时，不应考虑双方法律是否将该行为归入同一犯罪种类或者使用同一罪名；针对被请求引渡人的多项引渡请求，只要有一项请求符合引渡条件的，即使其他引渡请求不属于可引渡的犯罪，也可以开展引渡。虽然《联合国反腐败公约》第44条第2款和第3款对引渡的双重犯罪原则适用做了例外和变通处理，但是由于单纯以该公约引渡犯罪尚需艰苦探索，因此，检察机关只能立足该原则开展引渡合作。同时，必须具备一定的刑期标准。其中以追诉为目的的引渡，对被请求引渡人最低刑期标准是可能判处1年以上的刑罚（有的国家，如加拿大规定的刑期更高）；以执行刑罚为目的的引渡，通常被请求引渡人尚未服完的刑期至少为6个月。以上开展引渡合作的前提条件，要求检察机关既要认真研究我国法律，还要研究被请求国法律，找出双方法律的差异以及结合点。特别是，有的犯罪在被请求国可能不属于同一种犯罪或者使用同一罪名，有的犯罪在我国可能只触犯一个罪名，如行为人实施了贪污行为并通过洗钱的手段将赃款转移到国外，在我国就仅仅以贪污罪追究行为人的责任而不再以洗钱罪追诉，而在国外则有可能仅仅对洗钱行为就可以追诉。因此，我们不仅要研究双方法律的差异，更要善于通过合作、磋商，找出双方法律的结合点，为开展引渡创造条件。

其次，要认真研究和应对引渡合作中遇到的各种复杂问题。在引渡合作中外逃犯罪嫌疑人必然会极力对抗引渡，特别是国际上有很多关于应当拒绝引渡情形和可以拒绝引渡情形的规定，从而可能使引渡合作变得复杂化，更加需要审慎研究、妥善应对。从我国《引渡法》以及缔结的引渡条约来看，应当拒绝引渡的情形主要有：（1）损害或违背被请求国国家主权、社会公共利益和法律的基本原则；（2）本国公民；（3）政治犯罪或给予政治庇护的；（4）军事犯罪；（5）已经作出生效判决或者终止刑事诉讼程序；（6）已过追诉时效期限；（7）死刑犯罪（我国《引渡法》没有确定"死刑不引渡原则"，但2006年与西班牙缔结的引渡条约中首次认可了该原则）；（8）被请求引渡人可能因其种族、宗教、国籍、性别、政治见解或者身份等方面的原因而被提起刑事诉讼或者执行刑罚，或者被请求引渡人在司法程序中可能由于上述原因受到不公正待遇的（即违反人权保护原则）；（9）违反人道主义或存在酷刑等情形；（10）根据缺席判决提出的引渡请求，没有保证在引渡后重新进行审理；（11）请求引渡的行为发生时，依据请求国的法律并不构成犯罪；（12）告诉才处理的案件；（13）其他应当拒绝引渡的情形。此外，根据我国《引渡法》以及缔结的引渡条约，还有一些可以拒绝引渡的情形，主要有：（1）被请求国对引渡请求针对的犯罪具有刑事管辖权，并且对被请求引渡人正在进行刑事诉讼或者准备提起刑事诉讼；（2）由于被请求引渡人的年龄、健康等原因，根据人道主义原则不宜引渡；（3）同意引渡或请求国判处的刑罚将与被请求国的基本法律原则相冲突或抵触；（4）被请求国针对请求引渡犯罪已经终止刑事诉讼；（5）被引渡人引渡后将受到特别法庭的审判；（6）犯罪发生在请求国境外，且被请求国对类似犯罪未规定管辖权，或被请求国法律不允许对该行为进行刑事诉讼；（7）第三国已就引渡请求针对的犯罪作出判决，或者在第三国刑罚已经执行完毕[①]。我国引渡外逃的职务犯罪嫌疑人，除死刑问题比较复杂外，上述这些情形本来与案件没有关系。但职务犯罪嫌疑人潜逃国外的目的就是逃避国内法律的制裁，为此他们不可能轻易就范，而是会绞尽脑汁地对抗引渡，包括不惜重金聘请律师来提供帮助，应对外国的审查或诉讼。除了竭力在无罪上做狡辩外，其惯用伎俩就是挖空心思地寻找应当或者可以拒绝引渡的情形，作为护身符，诸如回国后会受到政治迫害、刑讯逼供等无中生有的理由，以蒙骗、博得法官的同情，甚至制造舆论给有关国家的政府、法官施压，试图达到不被引渡回中国的目的。职务犯罪侦查本来就对抗激烈。而在引渡包括下文将要研究的遣返等合作中，这种对抗

---

① 陈雷：《反腐败国际合作理论与实务》，中国检察出版社 2012 年版，第 119—133 页。

是在国外的法庭上，涉及不同的社会制度、法律制度等复杂因素，就会使得对抗更为激烈，也更需要我们高度重视，不容出现失误。引渡实践表明，只要我们应对得当，针对引渡对象提出或者可能提出的问题，逐一从事实、证据、法律等方面进行精心准备，早做准备，全力应对，巧妙化解，是完全可以打赢这场硬仗的。由于我国刑法规定对贪污、受贿犯罪可以判处死刑，这也极易成为引渡对象进行对抗的理由。对此，要根据被请求引渡国是否保留死刑等情况，以及我国法律包括《引渡法》和双边引渡条约等规定，通盘考虑。根据《引渡法》第50条的规定及其决定程序，一旦中国政府经过全面权衡利弊，在量刑上对外作出某种承诺，就要信守承诺。

三是切实加强内外协调和合作。首先，要加强国内各方面的协调。根据《引渡法》的规定和引渡实践，外交部、最高人民检察院、公安部等中央机关在引渡职务犯罪嫌疑人工作中都肩负着重要的职责，我驻外使领馆也发挥着重要的作用。检察机关作为案件的侦查主体，在加强检察系统内部协调的同时，要坚持在中央反腐败协调小组国际追逃追赃工作办公室的组织协调下，主动加强与有关部门的联系，及时通报工作情况，随时按要求提供相关材料或者证据，共同研究解决引渡中遇到的问题。要认真研究有关法律程序，制定周密的工作方案，拟制磋商谈判时的口径和策略，明确需要重点磋商的内容，分析可能出现的各种问题，提前做好应对预案，确保顺利完成各项任务。重大情况、重要问题，必须按照有关规定和程序，事先请示报告或者提请协调。其次，要加强与被请求国的磋商和友好合作。引渡合作是国家之间的行为，需要在遵循双方法律、相关条约等前提下，本着平等互惠、友好协商的精神，加强工作磋商，寻求双方可以接受的最大公约数，尽可能满足各方的合理关切，使引渡合作得以顺利推进，达到将外逃案犯引渡回国的目的。引渡合作中难以避免地会遇到不少复杂的问题，包括在法律适用方面也可能会有很多需要协调的问题。中外双方在共同解决合作问题这一宗旨之下，可能会在各自国内法律允许的前提下，妥善解决或化解有关问题。作为请求方要理解被请求方的关切，一旦双方就有关方案、后续工作要求等达成共识，包括在后续的侦查、审判、宣传等环节，都要审慎处理相关问题，做到言而有信，防止因对相关问题处置不当或不注意细节给被请求方带来不必要的影响，进而影响今后的执法合作。再次，要善始善终地做好各项工作。特别是一旦外国作出准予引渡的决定后，更要与外国有关方面以及国内外交、公安、民航、边防、机场等部门加强协商，制定周密的接收犯罪嫌疑人的工作方案，确保及时、安全、稳妥地将犯罪嫌疑人押解回国。最后，检察机关要切实履行好自己的职责。在职务犯罪引渡合作过程中，检察机关的作用不可替代。在我们与其他国家开展引渡合作或其他司法协助过程中，对方国家往往要求中方检察官出面磋商谈判，检察官代表检控部门出面磋商也符合国际司法协助的惯例和发展趋势。地方检察机关要在最高人民检察院的领导和组织指挥下，在做好侦查、提供证据等工作的同时，按要求积极派员参与引渡合作的谈判与磋商，并且做到服从命令、听从指挥、令行禁止。司法审查是引渡合作的必经程序，司法审查主要是靠证据说话。对于外逃职务犯罪案件，立案单位唯有及时收集、整理犯罪证据，才能在外方需要时，及时准确地提供证据资料，有力支持对方国家检控部门的指控，顺利通过司法审查。否则，一旦需要提供证据时却拿不出扎实有力的证据，就会影响引渡合作的开展。这方面的工作，检察机关必须做好。犯罪嫌疑人归案后，检察机关还要切实做好侦查、提起公诉等工作。

三、善于通过非法移民遣返等方式开展国际追逃

对于潜逃到与我国没有缔结引渡条约国家的职务犯罪嫌疑人，而对方国家又坚持"条约前置主义"，即必须以双边引渡条约为开展引渡合作前提的，目前开展国际追逃的主要办法是双方通过合作，以非法移民、非法入境或者触犯所在国刑事法律等理由，采取遣返、驱逐出境等方式将外逃犯罪嫌疑人移交中方。这种遣返措施也被称为引渡的替代措施，具体包括移民法和刑事法两种遣返措施，在职务犯罪国际追逃中已经发挥了重要作用，是一种适用范围广泛、比较务实管用的追逃措施。

1. 以非法移民、非法入境、非法滞留等理由遣返犯罪嫌疑人

这种方式适用于触犯所在国移民法、出入境法的外逃职务犯罪嫌疑人，具有不以外逃职务犯罪嫌疑人触犯所在国刑事法律为前提、相对简便快捷等特点和优势。例如，2007年7月22日，涉嫌贪污、受贿犯罪，潜逃加拿大、美国长达13年之久的黑龙江省经济体制改革委员会原主任宋士合（正厅级），在中美两国执法部门的通力

合作下，被遣返回国。犯罪嫌疑人宋士合因涉嫌贪污和受贿犯罪，于 1994 年 6 月被黑龙江省人民检察院立案侦查，同年 7 月决定逮捕。但宋士合在检察机关立案前就已经潜逃，先后藏匿于加拿大、美国。宋士合潜逃后，中国公安机关积极开展与美国执法部门的合作，向美方提供宋士合的犯罪证据及有关材料。1998 年他从加拿大非法入境美国，因为他进入美国的身份是非法的，美国移民和海关执法局发现宋士合藏匿在洛杉矶后，立即将其缉捕，并通过移民遣返程序，启动对宋的遣返工作。最终，经过移民法庭审理，美方签发了对宋士合的遣返令，并在美国移民和海关执法局警员的押解下，宋士合乘飞机由美国洛杉矶遣返回国，我国公安、检察机关工作人员同美国执法人员在首都机场办理了遣返逃犯的交接手续。2007 年 12 月 15 日，黑龙江省齐齐哈尔市铁锋区人民法院对外逃 13 年的被告人宋士合以犯贪污罪，判处有期徒刑 5 年 6 个月；犯受贿罪，判处有期徒刑 1 年 6 个月，数罪并罚，决定执行有期徒刑 6 年①。本案就是以移民遣返方式追捕逃犯的成功案例。运用这种方式追逃，实践中要注意以下问题：

一是认真调查和收集犯罪嫌疑人违反所在国移民法或出入境法等方面的证据资料。对于外逃职务犯罪案件，不管犯罪嫌疑人潜逃到哪里，尤其是对潜逃到与我国没有签署引渡条约无法通过引渡追逃国家的，检察机关必须在努力查明犯罪嫌疑人在国内犯罪事实、犯罪前科等

① 《潜逃境外 13 年被引渡回国 宋士合出庭受审》，载黑龙江新闻网，2007 年 12 月 24 日。

的同时，也要高度重视、及时收集嫌疑人违反所在国移民法或出入境法等方面的证据资料，为通过遣返方式追逃准备证据、提供支持。具体主要包括违法办理出入境证件，如在国内以假名、假身份证等办理出入境证件；出逃所持证件系伪造、无效、过期、作废的证件；使用欺诈手段获得入境签证、编造虚假移民申请资料，如以假婚姻、假投资等欺诈手段向国外移民；在国外非法滞留、居留或者偷渡出境等证据。在查明上述事实、收集到相关证据后，以本院名义层报最高人民检察院，商请有关部门将上述情况通报犯罪嫌疑人所在国的移民管理机关，促使其采取遣返、驱逐出境等方式移交犯罪嫌疑人。

二是及时吊销外逃犯罪嫌疑人的护照等证件。犯罪嫌疑人外逃后，要及时通报公安机关出入境管理部门，以便根据我国《护照法》等有关规定，吊销其所持的护照，使其无法再申领新的护照。通过采取红色通报和吊销护照双管齐下，使得其难以再次潜逃。

三是支持配合好外方的遣返审查和诉讼。目前，外逃职务犯罪嫌疑人相对集中逃匿在美国、加拿大、澳大利亚等国。但中国与美国、加拿大等坚持"条约前置主义"的国家尚没有缔结引渡条约，与澳大利亚虽然签订了引渡条约，也尚待澳大利亚国内的批准。运用非法移民等方式遣返犯罪嫌疑人，作为中方与这些国家开展国际追逃合作的重要途径，相关国家对犯罪嫌疑人非法移民案件还要进行调查、审理、诉讼，而且这些程序和诉讼可能还相当复杂。如有的国家在经过调查、风险评估等程序作出遣返决定后，不仅被遣返人可以按照所在国的行政法律进行申诉，而且还可以依据所在国法律提起行政诉讼。在法院作出裁决后，还可以通过司法程序不断上诉。因此，中外双方需要紧密合作，以应对外逃职务犯罪嫌疑人为对抗遣返而挑起的各种诉讼或事端，作为请求方的中方则必须配合支持好外方的审查和诉讼。要在最高人民检察院、外交部、公安部、司法部甚至在中央反腐败协调小组国际追逃追赃工作办公室的统一组织协调下，根据遣返工作需要，基于双方友好协商，及时为外方提供有关证据和出具书面证明材料，必要时还要派员出庭作证或采取远程视像方式作证。同时，通过移民遣返有时可能简便快捷，但也可能要经历旷日持久的过程。如厦门"远华"特大走私案主犯赖昌星就是中国和加拿大两国经过长期、艰苦的合作，最终以非法移民的方式来解决遣返问题的。总之，职务犯罪国际追逃工作中，尽管移民遣返可以克服不少法律障碍，但也要有打持久战的思想准备。一旦两国经过磋商，确定了通过遣返方式追捕外逃职务犯罪嫌疑人，我们就要坚定信心，保持耐心，久久为功，直到将其追捕归案。

　　四是做好遣返移交犯罪嫌疑人的衔接工作。运用移民遣返需要注意的一个重要问题是，遣返的目的地是不特定的，因为逃犯所在国一般不能限制其离境后的行动自由。如美国《移民法》规定，被驱逐出境的外国人可以选择递解出境的目的地国家，只要该国愿意接受此外国人并且美国主管机关不认为向该目的地国家实行递解有损于美国的国家利益。因此，中外双方磋商通过采取遣返、驱逐出境等方式递解外逃犯罪嫌疑人时，中方要同时要求犯罪嫌疑人所在国有关部门在对该犯罪嫌疑做出遣返、驱逐出境等决定前，事先通知中国驻该国使领馆，并协商有关事宜包括由使领馆出具属中国公民、回中国的证明等文件。一旦被请求国决定将犯罪嫌疑人遣返或驱逐出境的，应当争取被请求国尽快将犯罪嫌疑人遣返回中国或由我国派出执法人员将其押解回国，确保不出现意外。在极个别情况下，如果犯罪嫌疑人被遣返或驱逐到第三国或有关地区时，检察机关应当会同有关部门一起，及时与第三国或有关地区联系，协商引渡、遣返等事宜，确保能从第三国或有关地区直接或尽快将其追捕归案。

职务犯罪国际追逃的根本目的，就是要将外逃的犯罪嫌疑人追捕归案。对于中方而言，只要能将其绳之以法，那么外方无论是以非法移民、非法入境、非法滞留等方式遣返，还是以其他方式遣返，都是国际追逃的重要成果，都对惩治和预防职务犯罪起到重要的作用。例如，2015 年 9 月 18 日，中美两国执法和外交等部门密切合作，将潜逃美国 14 年的贪污贿赂犯罪嫌疑人杨进军强制遣返回到中国。这是中央反腐败协调小组国际追逃追赃工作办公室组织开展"天网"行动以来，职务犯罪国际追逃追赃专项行动取得的又一重要战果，也是美国首次向中国遣返公开曝光的"百名红通人员"。杨进军出逃前的身份为温州市明和集团公司法人代表兼总经理，2001 年 12 月潜逃美国。他是另一名"红通人员"、被称为"第一女巨贪"的浙江省建设厅原副厅长杨秀珠的弟弟。杨秀珠因涉嫌贪污贿赂犯罪，于 2003 年 4 月潜逃美国，2005 年又从美国继续潜逃至欧洲时，被荷兰警方逮捕。我国向荷兰执法当局提出了启动非法移民遣返程序的请求。2009 年 12 月，杨秀珠提出政治庇护请求遭到拒绝后，被荷兰法院判决驱逐出境，但她利用荷兰和欧洲人权法院的有关诉讼程序，试图拖延遣返时间。2014 年 5 月，杨秀珠又从荷兰逃亡加拿大，后再次潜逃回美国并再次提出"避难"申请。因持假护照入境，美国执法部门将杨秀珠逮捕并羁押，对其进行控告要求美国移民法庭将其递解至中国。在中美双方没有引渡条约的情形下，美方运用引渡的替代措施，完全用移民法的形式，将杨进军作为非法移民遣返，表明我国国际追逃追赃工作越来越得到国际社会的支持和协助，也对杨秀珠等其他外逃案犯产生强大的震慑作用。与此同时，为解决杨秀珠案，2014 年以来，在中央反腐败协调小组领导下，中央追逃办统筹各方面力量，积极利用外交、司法、执法和反腐败等多种合作渠道，持续保持对杨秀珠高压态势，同时向杨秀珠介绍我有关政策，劝其放弃抵抗，投案自首，以依法得到宽大处理。杨秀珠由最初"死也要死在美国"，到"有回国念头"，直至最终主动撤销"避难"申请，作出回国投案自首的决定。2016 年 11 月 6 日，"百名红通人员"头号嫌犯杨秀珠回国投案自首。杨秀珠归案，也是中美反腐败执法合作的重要成果。杨秀珠案被确定为中美 5 起重点追逃案件之一，双方指定专人，集中力量突破，最终使案件圆满解决。这再次表明我国完全有能力将外逃职务犯罪嫌疑人缉拿归案，以及国际社会共同反对腐败的决心和行动。

2. 以触犯所在国刑事法律为由遣返外逃职务犯罪嫌疑人

上述第一种方式简言之是行政遣返，即以外逃案犯触犯所在国的移民法、出入境法等行政法律为由，实现遣返犯罪嫌疑人的目标。这种方式不需要以外逃案犯触犯所在国刑法为前提，也不论其是否触犯所在国刑法。作为遣返的另一种方式，刑事遣返则以外逃案犯同时触犯所在国刑法、涉嫌在所在国犯罪为前提，而逃犯所在国又坚持行使本国的刑事司法管辖权。此时，中方可以配合外方对其侦查、起诉、审判，在服刑后再遣返回中国；或者通过所在国对其发起的刑事诉讼，迫使其自愿接受遣返。刑事遣返与行政遣返对中方而言，目的都是一致的，即作为引渡的替代和变通措施，来达到最终追捕逃犯的目的。很多工作要求也是大同小异，但工作的着力点和重点则有所不同。

一是刑事遣返的工作重点是配合外方顺利开展刑事诉讼。实践中，运用刑事遣返来解决外逃职务犯罪嫌疑人的追逃问题，表面上看是外逃案犯的某种或几种行为触犯所在国刑法，但其犯罪行为的源头则通常在我国国内，大多是其国内犯罪行为的延续。最典型的就是其在国内实施贪污贿赂犯罪，而其将赃款转到外国的行为同时触犯所在国刑法构成犯罪，如洗钱罪等罪名，至于具体罪名，可能因各国刑法规定的差异而不同，但本质上可能等同或接近于我国刑法中的洗钱罪。此时，中方的工作重点就是配合外方对其洗钱犯罪进行调查和检控，确保其能在外国被定罪量刑。为此，中方需要扎扎实实做好逃犯在国内犯罪的侦查取证工作，及时为外方提供逃犯在国内职务犯罪的证据资料，必要时还要派员出庭作证，以支持外方的刑事诉讼。如果说行政遣返的工作重点是配合好外方证明其行政违法，那么刑事遣返的重点则是配合好外方证明其刑事犯罪。检察机关在国内取证时，两方面的证据都要认真收集。但是，刑事遣返对检察机关侦查工作要求更高，既要全力查明犯罪事实，包括与外方合作共同查明有关事实，更要严格依照国内法律规定的程序和要求，规范、文明地收集证据、固定证据，确保这些证据能在国外使用。

二是刑事遣返要努力争取最快的遣返途径。对于外逃职务犯罪嫌疑人是选择行政遣返还是刑事遣返，要根据每个案件的不同情况，包括潜逃案犯所在国是否启动刑事调查等情况，具体问题具体分析，通过与有关国家的执法机关、主管部门友好协商确定。一般地，行政遣返可能效率更高、时间更短。但这也不是绝对的，有的案件行政遣返同样需要一个漫长的过程。有时，通过刑事遣返也能比较"短平快"地解决问题。这主要取决于外国的法律规定、两国执法机关的协调、犯罪嫌疑人是否自愿遣返等多种因素。实践中要争取通过以下两种途径来解决遣返问题：

第一种途径是争取在外国刑事诉讼过程中即实现遣返。在外国法律许可的前提下，中外双方可以通过外国发起的刑事诉讼，加上双方的通力合作，迫使外逃职务犯罪嫌疑人在国外刑事诉讼过程中自愿接受遣返。此种方式遣返效率高，能够减少很多国外的诉讼程序，也不需要在国外服刑，是一种比较快捷解决问题的办法。中国银行广东开平支行原行长余振东遣返案，就是比较典型的案例。余振东作为开平支行特大贪污挪用案主犯之一，2001 年 10 月潜逃美国后，中国司法机关及时发布红色通报进行全球通缉，并向美方提出正式刑事司法协助要求。2002 年 12

月，余振东在美国被捕，美方根据中方提供的证据资料和其国内调查，依照《美国法典》等有关规定，对其提出了至少5项指控：（1）余振东等人从开平支行非法侵占4.82亿美元的资金，并通过设在我国香港地区的洗钱公司向美国和加拿大转移犯罪所得的行为，涉嫌参与有组织的欺诈活动罪；（2）余振东于2001年12月15日将其非法侵占的355万美元（美方扣押后全部返还给了中方）资金从我国香港地区汇往美国旧金山的行为，涉嫌从外国转移欺诈所得罪；（3）余振东等人使用被非法转移到美国境内的资金的行为，涉嫌洗钱罪；（4）余振东等人编造虚假个人身份资料获取并使用护照和香港特别行政区旅行身份证件的行为，涉嫌使用以虚假陈述获取的护照罪；（5）余振东等人利用虚假的身份证件获取美国签证的行为，涉嫌采取欺骗手段获取签证罪。以上在美国法律中均为重罪，仅第一项罪名就可以判处20年以下监禁甚至终身监禁。为了将余振东尽快追捕归案，中美双方经过努力包括与余振东及其家属的多轮谈判，最终促成余振东在接受美国司法审判期间，于2004年2月与美国刑事检控机关达成辩诉交易，同意被遣返回中国，并共同向有关法院递交了《缔结出境司法命令和放弃听证约定申请书》。同年4月16日，余振东被驱逐出境，由美国联邦调查局局长亲自押送至北京、移交给中国执法机关。余振东归案后，中国司法机关依法对其兑现从宽政策，判处其有期徒刑12年并处没收个人财产人民币100万元。这种方式对中方而言，能够达到以最快的速度将外逃案犯追捕归案的目的，提高了追逃工作效率，节约了办案成本，并能对潜在的腐败分子起到极大的震慑作用；对美方而言，如果余振东不接受遣返就可能要应对很多的诉讼，接受遣返也就省去了很多诉讼，节约了办案成本；对余振东本人而言，他通过自愿回国自首、接受审判，为自己争取了从宽的机会。因此，是一种比较高效、经济的追逃措施。

第二种途径是争取在外国判短刑、服短刑即实现遣返。如果根据逃犯所在国的法律，不能在刑事诉讼过程中就将我方追捕的案犯遣返回国。但是，该国的法律允许其检控机关可以仅仅对逃犯涉嫌犯罪的一部分犯罪，或者某一种犯罪起诉。此时，中外双方可以通过友好磋商，选择外逃案犯触犯所在国刑法中的一部分犯罪或某一种犯罪，由外国司法机关尽量对逃犯判处比较短的刑罚，并在服刑后即将其遣返回中国。中方则配合提供逃犯在我国国内犯罪的证据，必要时派员出庭作证，有效支持外方的检控。例如，外逃职务犯罪嫌疑人将大量贪污、受贿的赃款转移到有关国家，根据有关国家的法律可以洗钱等罪名对其进行追诉，但是外国检控机关既可以对转移全部赃款犯罪进行追诉，判处较长甚至很长的刑期；也可以只就其中的一笔或几笔犯罪事实进行追诉，判处较短甚至很短的刑期。在这种法律制度下，有关国家选择一笔或几笔犯罪事实进行追诉，不仅有利于尽快完成整个诉讼程序，而且可以缩短在该国的服刑期限，既维护了有关国家的司法主权和管辖权，又能实现中方尽快遣返的目标，对中外双方均是有利、务实的选择，也是双方友好合作的体现。江西省鄱阳县财政局经济建设股原股长李华波贪污巨额公款潜逃新加坡，并将部分赃款转移到新加坡后。新方在对李华波以涉嫌触犯新法律立案的同时，查封和扣押了李华波转移到新加坡的赃款赃物合计约545万新加坡元。根据新加坡的法律，新方可以只对其中的部分犯罪事实起诉。据此，新方最终只以三笔合计约18.2万新加坡元提起诉讼，最终由新加坡法院判处李华波15个月监禁，并判决将上述款项返还中方。李华波在新判处刑期较短，就能尽快被遣返回国，而对其余扣押的款物，则通过中方在国内启动违法所得没收程序，由人民法院作出生效裁定没收后，再通过刑事司法协助渠道请新方承认并执行，从而解决其余赃款的追缴问题。这样就实现了追逃追赃工作两不误、两促进。

对于不能通过以上两种途径尽快实现遣返的外逃职务犯罪嫌疑人，则可以先在有关国家对其全部犯罪进行审判并服刑后，最终实现遣返回中国的目标。如上述开平支行特大贪污挪用案另外两名主犯许超凡、许国俊，2004年9月、10月先后在美国被捕，由于拒绝接受遣返，失去了与美国检控机关达成辩诉交易的机会。2009年5月，美国拉斯维加斯联邦法庭以组织腐败犯罪、洗钱、跨州携带盗窃资金、护照欺诈、签证欺诈、婚姻欺诈6项罪名，分别判处许超凡25年监禁、许国俊23年监禁，他们的妻子也均被判处8年监禁。根据美国刑法典，对外国人在美国犯罪后定罪量刑在5年以上的，服刑后将被强制驱逐出境，而且一般原则是从哪里来就驱逐到哪里去。2015年9月24日，在中央反腐败协调小组国际追逃追赃工作办公室的统筹协调下，我国司法、执法和外交等部门与美方密切合作，将潜逃美国14年的许超凡妻子邝婉芳强制遣返回国。这是继同年9月18日美

— 42 —

方强制遣返贪污贿赂犯罪嫌疑人杨进军之后，中美反腐败司法执法合作的又一重要行动。杨进军与邝婉芳的遣返区别在于，杨进军是通过移民法程序实现遣返，而邝婉芳则是通过刑事程序实现遣返，但殊途同归，都达到了追逃的目的。可以预判，许超凡、许国俊在美国服刑后，也必将被遣返回中国。届时，中国司法机关再依法追究其刑事责任，并且不受其在美国被判刑、已服刑的影响。

四、积极利用边境区域执法合作方式开展国际追逃

我国大陆陆地国界线长 22000 多公里，由北至南共有 9 个省（区）与 14 个国家毗邻，沿边共有 139 个县级行政区，国土面积合计约 200 万平方公里。加快沿边开放，是我国对外开放的重要组成部分。目前，我国边境省份的一些检察机关通过与毗邻国家司法机关或执法机关的联系，在平等互惠的基础上开展了刑事司法协助活动，初步显示出这种合作方式在缉捕外逃嫌疑人方面所具有的便捷、快速、灵活等优势。尤其是云南、黑龙江两省分别与缅甸、俄罗斯等国接壤，有着漫长的水陆边境线和众多的边境通道、口岸。两省检察机关积极发挥地缘优势，充分利用与邻国执法部门签署的条约、协议、会晤纪要和长期合作中建立的良好关系，努力开拓国际追逃、追赃、取证工作的新渠道，在边境地区执法合作实践中取得了明显成效。如黑龙江省检察机关一方面依据中俄双方签署的《中华人民共和国和俄罗斯联邦关于民事和刑事司法协助条约》《中华人民共和国和俄罗斯联

邦引渡条约》《中华人民共和国最高人民检察院与俄罗斯联邦总检察院合作协议》等法律文件，与俄罗斯检察机关开展边境地区执法合作；另一方面在中俄边境地区检察机关已签署有关《会晤纪要》的基础上，主动加强与相邻俄边境地区检察机关的工作交流与联系，直接建立中俄边境地区执法合作的沟通联络渠道，提高了执法合作效率。边境地区检察机关在开展司法合作过程中，十分注意依法办事，坚持国家主权原则和互惠原则，做到不损害我国国家利益、不违背我国外交政策、不影响我国与邻国外交关系，灵活、务实地开展合作。同时，采取定期互访、会谈、互派人员学习培训等多种形式，变"函来函往"为"人来人往"，巩固和密切双方的友好合作关系、良好的人际关系，为高效、快捷地开展边境地区执法合作奠定了前提和基础。

《人民检察院刑事诉讼规则（试行）》规定，边境地区检察机关与相邻国家的司法机关相互进行司法合作，在不违背有关条约、协议和我国法律的前提下，可以按照惯例或者有关规定进行，但应当报最高人民检察院备案。边境地区检察机关与相邻国家的司法机关进行司法合作，可以视情况就双方办案过程中的具体事务作出安排，开展友好往来活动。因此，边境地区检察机关与相邻国家司法机关进行司法合作，是有法律根据的，应当总结经验，积极探索。同时，也要强调，涉外追逃是政治敏感性和专业性都极强的一项工作，涉及不同国家的主权和刑事司法管辖权，必须慎重对待，规范运作，严格依法，不仅要遵守我国法律，还要尊重相关国家或地区的法律，遵守国际条约和国际惯例，使区域性合作能在符合两国法律的前提下发挥出更大的作用。

运用边境区域性执法合作机制追逃，要求一旦发现犯罪嫌疑人通过边境地区潜逃到邻国的，办案机关就应及时与边境省份如云南、黑龙江、广西等地的检察机关或公安机关联系，准确地提供逃犯的有关情况，以便尽可能地利用边境区域性执法合作渠道，在当地有关部门的协助下，查找、缉捕潜逃国外的犯罪嫌疑人。

五、充分发挥法律和刑事政策的威慑力和感召力，有效规劝外逃职务犯罪嫌疑人回国投案自首

多年来特别是近年来，检察机关在开展职务犯罪国际追逃工作中，十分注重运用、发挥法律和刑事政策的威慑力、感召力，通过积极做好外逃人员在境内亲友的思想工作，争取他们的支持、配合，通过他们以各种途径向外逃人员宣传法律和刑事政策，或者在外国执法机关等有关方面的配合下，由办案人员直接到国外与外逃案犯见面进行说服教育，规劝、动员其主动回国投案自首。这种非强制性的追逃方式，实务部门将其简称为劝返，并且已经为理论界所接受、认可。

1. 劝返日益成为职务犯罪国际追逃的有效途径和措施

在近年归案的外逃职务犯罪嫌疑人中，通过劝返自动回国投案自首的占到相当大的比例。实践表明，通过劝返促使外逃职务犯罪嫌疑人主动归案，是追捕外逃职务犯罪嫌疑人的有效途径和管用办法，能够取得事半功倍的效果。

一是劝返能最大限度地发挥法律和刑事政策在国际追逃中的作用。我国刑法贯彻宽严相济的刑事政策，对犯罪分子的处理包括决定刑罚不仅考虑其罪行轻重，还考虑其犯罪后的态度。对于犯罪后自首、立功的，根据不同情况依法可以从轻、减轻甚至免除处罚。而对对抗追诉、拒不认罪悔罪的，则依法从严惩处。我国刑法的有关规定和宽严相济的刑事政策，对外逃职务犯罪嫌疑人而言，既形成无形而又强大的威慑力，如果不主动回国投案自首早晚都会受到法律的严厉制裁；也具有强大的感召力，如果能迷途知返、自首投案，则会依法得到从宽处理。因此，法律和刑事政策既为劝返提供了依据，也使劝返有了有力的法律武器。趋利避害是人之本能。劝返的本质和优势，就是通过外逃职务犯罪嫌疑人趋利避害的心理，同时综合地运用、发挥法律和刑事政策的威慑力和感召力，使外逃职务犯罪嫌疑人两害相权取其轻，在继续潜逃对抗与自动回国自首之间做出正确的抉择和有利于自己的抉择，走主动回国自首之路。因此，劝返能够成功，最终是国家的力量、国家的胜利，是法律的力量、法律的胜利，是正义的力量、正义的胜利。必须认真总结、运用劝返的成功经验，在继续运用引渡、遣返等途径追捕外逃职务犯罪嫌疑人的同时，努力通过劝返方式，促使更多的外逃职务犯罪嫌疑人回国投案自首。

二是与引渡、遣返等追逃"硬措施"相比，劝返这种"软措施"能收到不战而屈人之兵的成效。如前所述，运用引渡、遣返等强制性措施追捕外逃职务犯罪嫌疑人，通常会遇到三方面的问题和困难，第一是周期比较长甚至旷日持久，一年至二年内能追捕归案通常就是比较快的，不少案件要三年至五年才能解决，有的可能时间更长。第二是要应对国外繁杂的诉讼程序，既有行政程序又有司法程序，司法程序中既有行政诉讼又有刑事诉讼。第三是多数情况中外双方都要花费很大的人力、物力、财力，才能最终实现引渡、遣返的目的。而如果能通过劝返促使外逃职务嫌疑人主动回国，那么上述问题都能迎刃而解，引渡、遣返过程中可能遇到的其他困难和难题也将因此而得到化解。因此，如果能成功地劝返外逃职务犯罪嫌疑人归案，不仅使案件得以及时查结，而且能节约大量追逃成本，提高追逃效率，既维护了我国法律的尊严，又能对潜在的妄图外逃的腐败分子产生警示作用，可谓以最少的投入取得最大的效益。这就好比在战争中，一方能不战而屈人之兵，自然是最佳的结果。

三是劝返作为国际追逃的重要途径和方式日益被各方接受和认可。对检察机关而言，将外逃职务犯罪嫌疑人及时追捕归案，是最大的任务，也是各地办案工作中最难以解决的难题之一，有的地方甚至束手无策，认为自己鞭长莫及、无从下手。通过引渡、遣返等方式追捕在逃案犯，纵使逃犯所在国有关部门积极配合，也会受到所在国法律制度、诉讼程序等多种客观因素的制约，通常难以在短期内解决问题。通过劝返方式追捕在逃职务犯罪嫌疑人，则有效解决了引渡、遣返主要依靠外国有关部门，自身难以发挥主观能动性，甚至只能被动等待、坐观其变等问题，起到化被动为主动、四两拨千斤的作用。而且，能够发挥各地检察机关的主观能动性，有利于发挥各地侦查人员的智慧。对于逃犯所在国而言，通过劝返方式使犯罪嫌疑人自愿回到中国，对他们也是一种解脱。毕竟，世界上没有一个国家会庇护在逃的职务犯罪嫌疑人，逃犯对他们而言是包袱和负担。如果能通过劝返促使逃犯自愿回国，那么有关国家就不必启动引渡、遣返等程序，从而不需为此花费大量的人力、物力、财力，有效地节约了协助中方追逃的办案成本。纵使启动了引渡、遣返程序，也因逃犯自愿回国，有关国家可以顺水推舟将其交给中方，从而能极大地简化引渡、遣返程序，甚至可以化解所在国面临的某些困境和难题。对于逃犯而言，则更是自我救赎。他们虽然侥幸地潜逃到国外，但面临各国执法机关的围追堵截，内心充满恐惧、惶惶不可终日，不得不东躲西藏、四处逃窜，不少人隐姓埋名靠打工、做苦力度日，有的甚至被敲诈勒索而不得不忍气吞声。因此，如果通过劝返这个桥梁和渠道，能使其认识到犯罪已无法弥补，但仍有改过自新、弃恶从善的机会，仍有争取从宽的道路，与其在国外度日如年，不如回国自首，从而作出明智的选择，为自己选择了最好的出路。因此，劝返是有利于各方解决逃犯归案问题的途径和办法。

2. 确定重点对象，制定周密方案，坚持不懈劝返

目前，国际追逃工作中劝返已经成为最经济、最便捷地解决逃犯归案问题的好办法，尤其对罪行较轻，以及潜逃时间长、身体不好、思家思乡心切、证件或者签证已经或将要过期、在国外生活困难的案犯，劝返成功的可能性就较大。对于携带巨款潜逃的案犯、全家均出逃的案犯、在国外生活有来源的案犯，仅仅靠劝返一般难以在较短的时间内取得成功，必须坚持不懈地通过强

制性的追逃措施将其绳之以法。但如果找准了外逃案犯的"死穴"，巧妙地加以利用，也有可能很快地将其成功劝返。而且，如果逃犯所在国启动了引渡、遣返程序，条件具备时我们同时辅之以劝返，也能促使其尽快回到国内。因此，劝返必须因人而异，因案施策，既要漫天撒网，又要突出重点。所谓漫天撒网，就是对所有潜逃的职务犯罪嫌疑人，无论是潜逃国外还是在国内潜逃，检察机关在采取通缉等各种追捕措施的同时，都要适时并以恰当的方式，向犯罪嫌疑人的近亲属以及其他犯罪嫌疑人有可能联系的人，宣讲党和国家惩治腐败、追捕逃犯的决心、信心和能力，宣讲刑法关于自首等有关规定和宽严相济的刑事政策，取得他们的支持和配合，使得一旦潜逃的职务犯罪嫌疑人与他们联系时，他们能规劝犯罪嫌疑人自首。所谓突出重点，就是凡是有职务犯罪嫌疑人外逃的地方，都要逐一对逃犯涉嫌犯罪的性质及其严重程度、性格心理特点及其家庭情况、与国内联系情况、在国外的生活状况等，进行综合分析，从中排查出有可能劝返的重点对象，有针对性地开展工作，加大劝返力度。对罪行较轻、潜逃时间长、身体不好、思家思乡心切、证件或者签证已经或将要过期、在国外生活困难，经过工作可能劝返的犯罪嫌疑人，更要作为重点予以劝返。

对确定为重点的劝返对象，要按照一人一方案的原则，研究制定周密、可行、稳妥的劝返工作方案，明确劝返工作的组织领导、人员安排、劝返渠道、工作步骤、劝返策略和口径等事项，并精心组织实施。要耐心细致地向外逃人员的家属、亲友讲明宽严相济的刑事政策和法律关于投案自首可以从轻处罚的规定，说服他们规劝外逃人员回国投案自首，说清自己的问题，争取从宽处理。条件成熟时，也可以让外逃犯罪嫌疑人直接与办案人员联系，办案人员则要抓住机会，帮助其分析形势，动之以情，晓之以理，敦促其早日回国投案自首。劝返工作开展后，要与公安机关等一起采取各种法律允可的方式，通过各种联系渠道，及时掌握犯罪嫌疑人的思想状况，有针对性地调整劝返对策，增强法律的威慑力和政策的感召力，促使其认识到投案自首是唯一出路。

要善于抓住机遇，适时开展劝返攻坚战。劝返已经不单单是引渡的替代措施，而是在引渡、遣返途径之外，开辟出来的新的管用的追逃途径，是职务犯罪国际追逃必须长期坚持的基本方法和基本途径。同时，又要坚持持久战与攻坚战相结合，善于抓住机遇，营造声势，开展劝返攻坚，形成规模效应，促使更多外逃案犯走自首从宽之路。党的十八大以后，党中央高度重视反腐败国际追逃工作，习近平总书记和中共中央政治局常委、中央纪委王岐山书记等中央领导同志多次就加强国际追逃追赃工作做出重要指示，中国与亚太经合组织成员经济体联合发布《北京反腐败宣言》。2016 年 9 月二十国集团（G20）杭州峰会成功召开，G20 各国领导人一致批准通过《二十国集团反腐败追逃追赃高级原则》、在华设立 G20 反腐败追逃追赃研究中心、《二十国集团 2017—2018 年反腐败行动计划》等重要反腐败成果，标志着中国向着构建国际反腐合作新格局的目标迈出了坚实一步。其间，中央反腐败协调小组国际追逃追赃工作办公室决定自 2015 年 4 月启动"天网"行动，综合运用警务、检务、外交、金融等手段，集中时间、集中精力"抓捕一批腐败分子，清理一批违规证照，打击一批地下钱庄，追缴一批涉案资产，劝返一批外逃人员"，并集中公布了针对 100 名涉嫌犯罪的外逃国家工作人员、重要腐败案件涉案人等人员的红色通缉令；公安部组织开展"猎狐"行动；最高人民检察院组织开展职务犯罪国际追逃追赃专项行动；最高人民法院、最高人民检察院、外交部、公安部联合发布《关于敦促在逃境外经济犯罪人员投案自首的通告》。总之，在党中央的坚强领导下，在中央反腐败协调小组国际追逃追赃工作办公室的统一组织协调下，形成了强大的国际追逃声势和工作合力。这些都为检察机关国际追逃中乘势开展劝返提供了极佳的机遇。全国检察机关坚决贯彻党中央的决策部署，及时抓住机遇开展劝返攻坚，成功将一批外逃职务犯罪嫌疑人劝返归案，其中有的涉案数额特别巨大，有的潜逃国外多年，都在国际追逃的强大压力下，纷纷选择主动回国自首，追逃劝返工作取得了实实在在的成效。据统计，自 2014 年 10 月最高人民检察院组织开展职务犯罪国际追逃追赃专项行动以来，截至 2015 年，全国检察机关已从 34 个国家和地区遣返、劝返外逃职务犯罪嫌疑人 124 人，"百名红色通缉令"中的李华波等 17 名重大职务犯罪嫌疑人落入法网[①]。随着 2016 年 11 月 6 日"百名红通人员"头号嫌犯杨秀珠回国投案自首，成为第 37 名归案的"百名

---

① 最高人民检察院曹建明检察长 2016 年 3 月 13 日在第十二届全国人民代表大会第四次会议上作的《最高人民检察院工作报告》，载《检察日报》2016 年 3 月 21 日。

红通人员"，2016 年前 11 个月"百名红通人员"中又有 19 名归案，我国国际追逃工作再次取得重大成效。上述归案逃犯中，多数都是通过劝返促使外逃职务犯罪嫌疑人回国投案自首的。而近几年劝返之所以能够取得很大的成效，根本原因就是因为有党中央的高度重视、坚强领导，各方面协调并进、全力以赴，给外逃案犯形成强大压力，促使其不得不回国自首。

要坚持不懈地劝返。对外逃案犯而言，要想让他们心甘情愿地回国自首，需要经历激烈的思想斗争。逃犯纵使有了自首的意愿，他也会试探我们的态度，分析自首能给自己带来什么好处，在国外逃匿与回国自首之间要不断比较、权衡，思想上也会动摇、反复，有的甚至幻想在回国前与我们"讨价还价"，为自己争取更好的出路，得到某种承诺，满足一些要求。因此，劝返通常需要一定的时间，逃犯要下定决心自首也需要一个过程，有的甚至需要多年的持续努力，有些案件难以一蹴而就。这些表明，劝返既要善于抓住机遇，果断出击、主动出击，趁热打铁、速战速决，又要树立打持久战的思想，坚定信心、保持耐心，努力通过艰苦细致、持之以恒的工作，促使犯罪嫌疑人回国投案自首。

3. 精心准备劝返策略和口径，确保劝返工作稳步推进

对外逃职务犯罪嫌疑人劝返，从实践看主要是三种途径和情形，第一种情况，是外逃案犯主动直接或者通过国内亲属等同检察机关或者有关组织、单位联系，要求回国自首或试探国内的态度。在这种情况下的劝返主要是如何积极、妥善回应，乘势而上开展劝返的问题，

其优势是本人有一定的意愿且有了劝返的桥和路，关键在于如何步步跟进实现劝返成功。第二种情况，是外逃案犯在所在国被追诉，在启动引渡、遣返程序的过程之中，中外双方的执法机关如何紧密合作，适时辅之以劝返，使引渡、遣返能顺利实施，达到减少对抗、简化外国各种法律程序、"短平快"地将逃犯追捕归案的目的。在这种情形下，劝返的桥和路也是有的，关键在于所在国法律的规定和外逃案犯的意愿，而逃犯的意愿又取决于自身对形势的判断。如果他错误地判断形势，认为可以钻所在国法律的空子对抗引渡、遣返，则劝返的难度就较大。反之，劝返就可能比较容易达到目的。第三种情况，是在逃犯本人无自首意愿也未被国外追诉的情形下，办案机关主动做逃犯国内亲属、朋友的工作，争取他们的理解和支持，促使他们配合开展劝返。在这种情况下，只有先修通劝返的桥和路，劝返才可能成功。以上表明，劝返的起点和条件是因案而异的，有的属于有自首意愿的劝返，有的则是没有自首意愿的劝返，有的已经有劝返的桥和路，有的事前则没有劝返的桥和路，要根据不同情况，有针对性地制定劝返策略和口径，并且随着劝返的深入及时调整劝返策略。同时，在劝返策略上又是有基本规律可以遵循的，在劝返口径上也要基本保持一致，做到原则性与灵活性相统一。

要善于做好逃犯国内亲属、朋友等的工作。对外逃职务犯罪嫌疑人进行劝返，多数情况下办案人员都不可能同逃犯本人直接联络，更难以同其面对面劝返。逃犯在国内的亲属、朋友或者有关人员就成为劝返的"桥和路"，在办案人员与逃犯之间起着中介、传话筒的作用。

要成功劝返，首先要争取这些人的支持和配合。没有这些人的支持和配合，劝返就无从谈起。为此，一要认真排查外逃案犯与国内联系的情况，做到心中有数。二要对国内亲属等人员进行认真分析，评估哪些人员比较明事理、能够对外逃案犯施加影响、取得外逃案犯的信任，努力找出真正能够为我所用、能对劝返起到帮助作用的关键人物。三要努力做好思想工作。我们工作的对象大多数是外逃案犯的国内亲属，他们与外逃案犯休戚与共、骨肉相连，也都希望帮助外逃案犯找到一条比较好的出路。因此，在同国内亲属等人员谈话过程中，必须准确把握谈话对象的年龄、性别、职业、受教育程度、领悟能力、心理状态，通过分析形势，晓以利害，刚柔并济，使国内亲属信任检察机关、信任办案人员。要让他们清醒地认识到办案人员是在帮助他们，是为他们好，回国自首是外逃案犯唯一的出路和最好的选择，促使这些人员积极、主动、自觉地全力规劝外逃人员回国自首，并且通过他们不断给外逃案犯既传导压力，又传递希望。

帮助分析形势，消除对抗幻想。无论是通过国内家属间接劝返，还是同外逃案犯直接劝返，都要让外逃案犯及其国内亲属等认清形势，感到巨大的压力，受到深刻的触动，认识到除了自首没有别的出路。一是从党和国家对反腐败国际追逃追赃的坚强决心和决策部署、检察机关等职能部门的实际行动等方面，讲清楚国内深入开展国际追逃的大形势。表明检察机关对于外逃案犯，不管潜逃到哪里、潜逃多久，都要持之以恒地进行追逃，直到将其绳之以法的鲜明态度和决心、信心。让外逃案犯及其国内亲属等认识到："躲得了初一躲不过十五"，潜逃国外终究都不可能逃过法律的制裁，早晚都会被绳之以法。二是从《联合国反腐败公约》《北京反腐败宣言》、中国与有关国家的友好关系和在执法领域的友好合作等方面，讲清楚国际社会共同反对腐败的决心和行动。让外逃案犯及其国内亲属等认识到：腐败分子没有"避风港"，没有"避罪天堂"，哪个国家也不会容许腐败分子在该国藏匿，外逃案犯面对的是各国的追捕，根本没有长期藏身之处。三是从刑法关于贪污贿赂犯罪刑罚、自首从宽的有关规定、外逃职务犯罪嫌疑人本身涉嫌犯罪的严重程度，讲清楚无论罪轻罪重，主动自首都是唯一的选择。对于在国内所犯罪行极其严重的外逃案犯而言，如果不自首争取依法从宽处理，必将受到最严厉的制裁；对于涉嫌犯罪数额不是很大的外逃案犯而言，则要阐明与其在国外东躲西藏，最终还要被追捕归案失去从宽机会，还不如早日回头自首，争取宽大处理，重新开始新的生活。四是从外逃案犯在国外的状况、相关国家对非法移民、非法滞留以及惩治洗钱、腐败犯罪法律等方面，讲清楚无论目前在国外是否受到追诉，主动自首都是最好的选择。对于在外国被提起刑事诉讼的外逃案犯，要让他们认识到中国与有关国家必将共同努力使其在国外定罪，不可能逃脱处罚，切不可存一丝侥幸。在国外定罪、服刑后，根据有关国家法律必将被遣返回国。一旦被强制遣返，就没有了自首的机会。与其如此，不如明智地选择在国外认罪达成辩诉交易，争取在国外不服刑或服短刑，早日回国自首以得到宽大处理。对于已经进入引渡、遣返程序的外逃案犯，要让他们认识到对抗引渡、遣返都是徒劳的，与其被强制引渡、遣返，还不如主动自首争取从宽处理。对于在国外暂时尚未受到追诉的外逃案犯，要让他们认识到已经被全球通缉、护照已经被吊销，如果不自首将与有关国家紧密合作，依靠引渡、遣返等将其强制缉捕归案，使其惶惶不可终日、无处藏身，始终处于被追捕的高压态势之下，不得不回国投案自首或者与我方合作，从而化被动为主动。五是从国内亲属状况特别是职务犯罪嫌疑人外逃后家庭的变化等方面，进行亲情感化，让外逃案犯认识到回国自首争取从宽处理，是对家庭、对父母、妻儿等负责的态度，是尽孝、尽责，是对家人、亲属的最大宽慰和解脱。

讲政策、举案例，既不轻易许诺，又给从宽的希望。劝返本质上是打心理战，法律性、政策性都很强。在劝返口径把握上总体原则是只讲国家法律规定和刑事政策，不讲具体处罚，更不能轻易做出量刑或者不处理之类的承诺。具体可从以下几方面开展工作：一是讲透政策，耐心细致地介绍我国刑法对于自首可以从轻或者减轻处罚的规定，这是法律给外逃案犯唯一的出路。二是以案释法，司法实践中，哪怕比外逃案犯的罪行更加严重的罪犯，凡是回国自首的都得到了依法从宽处理，有的按照所犯罪行本应或者可以判处死刑的，都没有被判处死刑的情形。可列举的案例很多，如厦门远华特大走私案主犯赖昌星案、中国银行开平支行余振东贪污案，等等。通过这些案例，让国内亲属和外逃案犯认识到，只要回国自首、认罪悔罪，就有从宽的希望。同时也要讲清楚每个案件情况不同，不能简单地拿过去的案件作为参照。这样做的目的，是防止攀比心理。如在劝返过程中，逃犯及其家属可能以某个案件作参照提出不合理要求，就应坚决予以拒绝并讲清理由。三是明确要求。一旦外逃案犯有了自首的意愿，劝返必须提出更加明确、具体的要求，并且根据每个案件的不同情况而有针对性地提出要求，使其明白怎么做才符合自首的要求，才能得到宽大处理。如对正在国外被追诉的外逃案犯，其要求主要包括：外逃案犯写出回国自首的书面申请分别给国内检察机关和外国有关执法、司法机关；在国外尽快认罪且不上诉，或者在国外同意接受引渡、遣返的决定且不上诉；一旦在国外服刑完毕或者作出引渡、遣返决定后，即自愿配合引渡、遣返以回到国内；如果有涉案赃款的，先将赃款转回国内，或者配合国外执法机关将赃款转回国内听候处理；家属利用其犯罪赃款移民国外的，因为他们不是靠自己的本领、技能或资金办理移民手续，而是靠犯罪所得移民，也要先回到国内。对外逃案犯而言，在这些问题上必须强调没有讨价还价的余地，也没有讨价还价的资本。自首实际是给自己争取从宽处理的机会，执迷不悟、继续对抗，没有任何好处。孰轻孰重必须清楚，必须早作决断，越早行动、越积极配合越对其有利。四是回应关切，对于国内亲属或外逃案犯提出要求检察机关承诺的要求，包括罪行特别严重的要求回国自首后不被判处死刑等问题，以及其他关切的问题，办案人员必须及时、审慎地予以回应，不回应无助于解决问题，随意回应则会隐患无穷，做到依法、客观地既解疑答惑，又谨言慎行，绝不信口开河、随意承诺。对非原则性的、合情合理的、法律许可的问题，在检察机关职责权限内可以解决或者协调解决的问题，就应积极回应，做出承诺或者同意其要求。对原则性问题、检察机关无权承诺的问题或者无理要求，则应坚决拒绝。对需要进一步研究、请示的问题，则要在全面研究、请示报批后再予以回应。对与具体量刑包括是否可以不判死刑等问题，仅回应我国法律对自首、立功有明确规定，讲清楚检察机关不能直接做出具体承诺，但对自首的一定会依法在检察环节或者起诉后建议法院从宽处理，而且也一定会得到从宽处理的理由。因为，根据我国刑事诉讼法第 12 条的规定，未经人民法院依法判决，对任何人都不得确定有罪。在我国具体的定罪量刑是人民法院的权限，检察机关是不能对自首人员将来判处刑罚问题给出具体承诺的。使他们必须相信法律，明白只有通过认罪自首才能争取到从轻、减轻的机会，自首后司法机关会依法作出客观公正的裁决、得到从宽处理，不自首就会失去争取从宽处理的机会。五是把握主动。谈话过程中要善于通过真诚开导、点拨启发，使相关人员明白是否自首关系到外逃案犯及其家属的前途命运，不自首我们照样能将其追捕归案。促使国内亲属主动去做逃犯的工作，促使其国内亲属站在逃犯的角度去劝导和做工作，最终让逃犯认识到大家是在真心为其着想。除了自首，别无选择。对国内亲属积极配合的，要及时予以肯定。

要选好检察机关出面劝返的人员。劝返人员要熟悉案情，更要善于做思想工作，有很强的沟通能力、说服能力和随机应变能力，能够尽快与国内亲属或外逃案犯建立信任关系，拉近感情距离。一般地，劝返先可以由承办案件检察院的办案人员出面与有关人员谈话，然后适时由侦查部门领导或者分管检察长出面开展工作，关键时刻可由检察长出面以起到一锤定音的作用。当然，在条件成熟时，也可以由承办案件检察院的主要领导甚至上级检察机关等的有关人员出面开展工作。因此，到底是由谁出面劝返，在不同阶段、不同环境下由谁出面劝返，必须因案而异、因时而异、因人而异，具体问题具体分析，做到机动灵活、随机应变，服从和服务于整个劝返工作的需要，并且事先进行精心的准备。劝返工作需要谋略和智慧，侦查人员有丰富的询问犯罪嫌疑人、询问证人的经验，要善于将这些经验灵活地运用于劝返工作。

4. 严格依法进行劝返，积极稳妥地开展工作

劝返工作既要严格遵守我国法律，也要尊重有关国家的主权和法律。对于通过国内亲属等人员间接进行劝返的，办案人员主要是通过亲属等开展工作，在不同外逃案犯本人直接联系的情况下，不涉及外国主权与法律问题，但也必须如上所述，严格依法进行劝返。如果外逃案犯要与办案人员直接联系，办案人员通过电话等进行劝返，要在顺势而为的同时注意谨言慎行，以宣讲法律政策、晓以利害、指明出路为主。尤其是对与正在国外受到追诉的外逃案犯，更要注意方式方法，切不可使用带有威胁性质的言词，以免造成被动。如果确有必要到国外同外逃案犯面对面劝返，则必须层报最高人民检察院审查同意后，通过外交、司法、警务、检务等渠道，事前通报有关国家的有关部门，在取得其同意和协助配合的前提下，再到国外开展工作。惩治腐败是国际社会的共识，对于逃匿国外的职务犯罪嫌疑人，如果办案人员有条件到国外进行劝返，事先与有关国家有关部门进行沟通协调，不仅不会影响工作，而且可以确保劝返工

作更为稳妥。因此，必须严格遵守外事纪律，不能在未经有关国家同意的前提下擅自到国外劝返，否则可能就会十分被动。

加强请示报告，加强协调配合。劝返工作中，一般只介绍法律和刑事政策关于自首从宽的规定、不作出具体的承诺。对于承办案件的检察院难以作出承诺的问题，确有必要时，应及时请示报告。其中，限制追诉的承诺，由承办案件的检察院层报最高人民检察院决定；对于量刑的承诺，必须层报最高人民检察院，商最高人民法院决定。总之，对于工作中的重大问题，要在上级检察机关乃至中央反腐败协调小组国际追逃追赃工作办公室或者省级追逃办的统一组织协调指导下开展工作。要主动加强与法院、公安、安全、电信、海关、边防及外事等部门的联系，取得支持和配合，形成工作合力。到国外劝返的，要严格遵守外事纪律，严格按照有关规定和要求办理。上级检察机关要加强组织协调和指导，及时掌握进展情况，帮助解决劝返工作中出现的问题。

要依法兑现政策。对劝返回国的犯罪嫌疑人，要依照刑法关于自首、立功从宽处理的规定，建议人民法院在审判时依法从宽，或者在检察环节就依法从宽处理。通过对投案自首的依法兑现政策，以鼓励和促使更多的外逃人员放弃抗拒心理、走从宽处理的道路。根据刑法第67条的规定，自首必须符合"自动投案"和"如实供述自己的罪行"这两个条件，缺一不可。对自首归案后，拒不如实供述自己罪行的犯罪嫌疑人，不能认定为自首。

要深入研究刑法和司法解释关于贪污贿赂犯罪定罪量刑数额标准调整对劝返工作的影响。对贪污贿赂犯罪，按照 1997 年刑法的规定，个人贪污或者受贿数额在 5000 元以上的即可定罪量刑。个人贪污或者受贿数额在 10 万元以上的，处 10 年以上有期徒刑或者无期徒刑，可以并处没收财产；情节特别严重的，处死刑，并处没收财产。个人贪污或者受贿数额在 5 万元以上不满 10 万元的，处 5 年以上有期徒刑，可以并处没收财产；情节特别严重的，处无期徒刑，并处没收财产。而司法解释则对挪用公款、行贿等犯罪的立案标准等做出了规定。1997 年刑法的规定虽然在当时是科学的，但是随着我国经济社会的发展，这些规定也不能完全适应惩治腐败犯罪的需要。如 1997 年刑法规定贪污、受贿 5000 元的立案标准，当时城镇居民人均可支配收入为 5160.3 元；而 2015 年我国城镇居民人均可支配收入为 31195 元，是 1997 年的 6 倍多，因此 5000 元的立案标准确实有必要适当调整。再如上述关于贪污、受贿 10 万元以上量刑的规定等也过于机械，导致在实践中贪污、受贿 10 万元与贪污、受贿 100 万元可能在量刑上拉不开差距，客观上存在罪刑失衡等一系列问题。正是为了使贪污贿赂犯罪定罪量刑更为科学，2015 年 8 月 29 日，第十二届全国人民代表大会常务委员会第十六次会议通过的《刑法修正案（九）》，对贪污贿赂犯罪立法再次做了很大的修正和完善，其主要内容有：一是取消刑法关于贪污、受贿犯罪定罪、量刑的数额规定，在刑法中不再对这两种犯罪规定具体的定罪、量刑数额标准。代之以"数额较大""数额巨大""数额特别巨大"以及"较重情节""严重情节""特别严重情节"，突出数额之外其他情节在定罪量刑中的作用。这种"数额＋情节"的立法更加有利于惩治犯罪。

二是增设了对有影响力的人行贿罪，解决了《刑法修正案（七）》仅规定了利用影响力受贿罪，而没有对有影响力的人行贿如何定罪量刑的问题。三是对重特大贪污、受贿犯罪增设"终身监禁"，即对犯贪污罪、受贿罪"被判处死刑缓期执行的，人民法院根据犯罪情节等情况可以同时决定在其死刑缓期执行二年期满依法减为无期徒刑后，终身监禁，不得减刑、假释"。四是完善贪污、受贿、行贿犯罪财产刑，对贪污、受贿、行贿犯罪普遍增加规定要判处罚金。刑法修正案施行之后，"两高" 2016 年 4 月 18 日发布并施行的《关于办理贪污贿赂刑事案件适用法律若干问题的解释》，对贪污贿赂犯罪定罪量刑的数额问题做出了详尽规定。其中，关于贪污、受贿两种犯罪定罪量刑的数额标准主要有以下内容：第一，贪污、受贿数额在 3 万元以上不满 20 万元的，或者虽然贪污、受贿数额在 1 万元以上不满 3 万元，但具有该解释规定的特殊情形的，处 3 年以下有期徒刑或者拘役，并处罚金；第二，贪污、受贿数额在 20 万元以上不满 300 万元的，或者虽然贪污、受贿数额在 10 万元以上不满 20 万元、但具有该解释规定的特殊情形的，处 3 年以上 10 年以下有期徒刑，并处罚金或者没收财产；第三，贪污、受贿数额 300 万元以上的，或者虽然贪污、受贿数额在 150 万元以上不满 300 万元、但具有该解释规定的特殊情形的，处 10 年以上有期徒刑、无期徒刑或者死刑，并处罚金或者没收财产。此外，该司法解释还对行贿等犯罪的数额标准作出了调整。《刑法修正案（九）》及上述"两高"司法解释，使得我国惩治贪污贿赂犯罪的法律规定更加科学、健全，同时对国际追逃追赃工作也带来很多影响。一方面，我国刑法规定了时效制度，对于超过追诉时效期限的犯罪是不再追诉的，但是按照刑法第 88 条规定，"在人民检察院、公安机关、国家安全机关立案侦查或者在人民法院受理案件以后，逃避侦查或者审判的，不受追诉期限的限制"。因此，对于外逃的已经被立案侦查的贪污贿赂犯罪嫌疑人而言，由于不受追诉期限的限制，不管外逃多久，都要将其追捕归案，依法处理。不会因为其外逃就不再追诉。另一方面，按照从旧兼从轻的原则，虽然逃犯外逃前的行为涉嫌犯罪，但由于新司法解释对贪污贿赂犯罪定罪量刑的数额标准做了较大的调整，这种调整体现了严而不厉的刑事政策，因此外逃犯罪嫌疑人归案后，特别是如果又有主动回国自首甚至立功表现，要按照新的标准来定罪量刑，从而使得在处罚上会比原来刑法规定要轻不少。因此，法律和司法解释的变化，为追逃提供了有力的法律武器，要善于把相关法律和司法解释的规定阐释清楚，努力促使外逃嫌疑人主动、及时回国自首，争取宽大处理。

第三章 职务犯罪国际追赃的 主要途径和措施

职务犯罪国际追赃既非常重要，也非常复杂，在某些情况下甚至比追捕逃犯难度还大。近年来，检察机关会同有关部门积极探索国外追赃的有效途径和方法，建立健全相关制度和工作机制，全力追缴被转移到国外的赃款赃物，积累了很多有益经验。同时，还要加大实践和探索力度，努力使国际追赃工作取得更大的成效。

一、牢固树立追赃与追逃并重，以追赃促追逃的思想

加强职务犯罪国际追赃工作，是反腐败斗争中的一项重要任务，是检察机关需要下更大决心、采取更有力措施来做好的一项重要工作。党中央对此高度重视，修订后的刑事诉讼法专门增设了违法所得没收程序这一特别程序，其重要目的之一就是为职务犯罪国际追赃提供更加有力的法律武器。

贪污受贿等腐败分子携款潜逃国外，或者将犯罪所得转移到国外，或者直接在国外实施贪污受贿犯罪，其目的既是为逃避法律制裁，也是为继续其奢靡生活，通过非法占有其通过犯罪手段获得的不义之财，使自己能

一时逍遥法外。因此，依法坚决追缴贪污受贿等腐败分子转移到国外的赃款赃物，不仅是检察机关查办职务犯罪工作中的重要任务，而且对于惩治和预防腐败具有十分重要的意义。

一是查明案情事实，正确认定犯罪的需要。依法查清腐败分子向国外转移赃款等犯罪事实，全力追缴外逃案犯转移到国外的赃款，收集相关证据，本身就是侦查工作的组成部分，是正确指控犯罪、认定犯罪和严惩腐败犯罪的客观需要。

二是挽回国家经济损失的需要。贪污贿赂犯罪的赃款，最终侵犯的都是国家和人民的利益，涉嫌犯罪数额越大，对国家和人民利益损害就越大。对被转移到国外的赃款，依法全力追缴，既是挽回国家经济损失的客观需要，也是维护司法公正和整个社会公平正义的客观需要。

三是切断逃犯经济来源、促进国际追逃工作开展的需要。贪污贿赂犯罪嫌疑人将赃款转移到国外，才有在国外生存的资本。要将已经潜逃的案犯追捕归案，就必须努力切断腐败分子在国外的生活来源，通过反腐败国际合作追缴被转移到国外的赃款，使其无法利用这些赃款在国外生活，以及无法利用这些赃款聘请律师来帮助对抗追逃如对抗国外的引渡、遣返，挤压其在国外生存的空间，从而迫使其不得不回国自首，或者自愿接受引渡、遣返。因此，职务犯罪国际追赃既有其自身价值，又对国际追逃起着重要的促进作用，本身也是追逃的重要措施和策略。要遏制腐败分子潜逃国外，打消其他腐败分子携款潜逃国外、逃避法律制裁的念头，也应同时通过取缔地下钱庄、加大反洗钱力度等方式，努力遏制腐败资金的外流。

总之，检察机关和办案人员必须进一步树立追赃与追逃并重、以追赃促追逃的思想，紧紧围绕"人赃俱获"的目标，在推进国际追逃的同时，同步开展国际追赃工作，切实加大国际追赃力度，绝不让腐败分子在经济上占到一丝一毫的便宜。

二、职务犯罪国际追赃的常规途径和措施

检察机关在办理职务犯罪案件过程中，对于犯罪嫌疑人携款潜逃境外或将赃款、赃物转移到境外的，首先要在发案单位和金融、外汇、反洗钱等部门的帮助下，尽快查清赃款、赃物的去向，为下一步的追缴工作做好准备。赃款、赃物去向不明的，承办案件的检察机关可通过国内有关部门或驻外机构帮助查找，必要时，也可由省级人民检察院书面报告最高人民检察院，由最高人民检察院商请有关部门，通过刑事司法协助、国际刑警组织或者警务合作、检务合作等途径和渠道，查询、冻结、扣押犯罪嫌疑人转移到国外的赃款。多年来，在查清赃款、赃物去向的基础上，检察机关主要是综合运用以下途径和措施进行追赃。

一是通过国际刑事司法协助、国际刑警组织或其他渠道协助追缴被犯罪嫌疑人转移到境外的赃款、赃物。请求通过国际刑事司法协助、国际刑警组织或其他渠道协助追缴犯罪嫌疑人转移到境外的赃款、赃物，由负责办理案件的人民检察院层报省级人民检察院，由省级人民检察院制作请求书，连同请求事项和有关材料报最高

人民检察院。最高人民检察院审核同意后，商请有关部门办理。特别是在与相关国家进行遣返、引渡等国际司法协助合作时，应积极与对方国家的有关部门协商，尽量争取其一并移交犯罪嫌疑人转移到其境内的赃款、赃物。请求书应当按照有关条约的要求制作。请求书一般应当包括以下内容：提出请求的法律依据，办案单位名称，涉嫌犯罪事实的概述，涉嫌触犯中国法律的规定，请求的目的和所需协助事项的说明，希望请求得以执行的期限，保密的要求和理由，执行请求所必须的其他资料，对被请求方的承诺，等等。如李继祥追赃案就是中澳两国合作追赃的成功案例。1998 年 6 月至 2001 年 5 月，李继祥在任原国有公司南海市置业公司经理期间，利用职务之便，伙同他人非法挪用南海市政府住房基金，并多次将挪用的约 4000 万元人民币通过地下钱庄等渠道转移至澳大利亚，用于购买别墅或存入其家属账户中使用。2003 年 9 月，李继祥潜逃至澳大利亚。李继祥出逃后，检察机关在对其立案侦查的同时，全力推进此案的国际追逃追赃工作。在最高人民检察院授权下，广东省人民检察院与澳大利亚联邦警方开展执法合作。2006 年 3 月，广东检察代表团访问澳大利亚联邦警察署，向澳方提供了李继祥涉嫌犯罪的证据材料，就双方如何开展追逃追赃合作进行磋商并达成共识：根据中国检察机关提供的材料，由澳大利亚联邦警方对李继祥以洗钱罪立案并展开调查，如李继祥的行为触犯了澳大利亚法律，则由澳大利亚司法部门追究其法律责任，对其非法所得则依照澳大利亚法律进行追缴，追缴的财产在澳大利亚有关部门批准后返还中方。2007 年年初，澳大利亚警方查明李继祥在澳的财产情况，随后查封、扣押和冻结了有关财产、书证、物证及银行存款。2011 年 9 月 14 日，潜逃 8 年的李继祥被澳大利亚昆士兰州高级法院以洗钱等 9 项罪名判处 26 年监禁，9 年内不准获假释。其间，澳警方还启动民事程序，将追缴的约 3000 万元人民币赃款返还中国。李继祥在澳大利亚被定罪判刑入狱，其所转移出去的大部分赃款也被追缴，这是两国执法机构联手适用贪官所逃国家法律成功追诉、追赃的典型案例。为确保在澳大利亚对李继祥的追诉、追赃工作顺利推进，应澳方请求，广东省人民检察院和南海区人民检察院还组织有关证人在澳大利亚驻广州总领事馆进行了远程视频作证①，为澳方追诉李继祥和追赃提供了有力支持。通过国际刑事司法协助等渠道开展国际追赃工作，作为职务犯罪国际追赃的主要方式之一，要取得成功，前提是要做好国内侦查工作，尽力查清犯罪事实，收集相关证据，以便在追赃时能够提供证据支持；关键是要加强与赃款所在国有关方面的沟通和协作，取得其支持配合。实践中，有的犯罪嫌疑人逃匿所在国与赃款藏匿所在国可能分属不同的国家（或地区），有的犯罪嫌疑人归案后仍需要国际合作途径来追赃。因此，检察机关在工作中，一方面，要坚持追逃与追赃并重，使追逃与追赃相互促进；另一方能，也要紧紧围绕赃款的下落加强工作，从而为单独开展国际追赃工作做好准备。在具体工作思路上，能够人赃并获的，按照人赃并获的思路开展工作；能将逃犯先追捕归案的，先追逃再追赃；能先追赃的，

---

① 参见 2011 年 9 月 23 日《羊城晚报》等。

先追赃。总之，要根据每个案件的不同情况，根据不同国家的法律要求，进行深入细致的研究论证，提出切实、稳妥、可行的追赃方案，确保追赃工作顺利开展，达到预期目的。

二是通过民事诉讼程序追缴。根据涉嫌犯罪的性质，如果赃款、赃物所在国的法律规定可以通过民事诉讼途径追赃的，必要时可在中外双方协商的基础上，由发案单位或有关部门出面，委托所在国的律师向有管辖权的当地民事法庭送达起诉状、提出退还在该国境内赃款、赃物的请求。在发案单位或有关部门提起境外民事诉讼的过程中，负责办理案件的检察机关要积极给予指导、支持和帮助、协调。这是职务犯罪国际追赃的重要途径，实践中已经积累了不少成功经验。如在中国银行广东开平支行余振东、许超凡、许国俊等人特大贪污挪用案中，中国银行在案发后的第一时间内，就分别在我国香港特别行政区和美国、加拿大等国家提起民事诉讼，并且针对被发现的涉案资产向当地司法机关申请民事禁止令或冻结令，冻结了主要犯罪嫌疑人及其亲属在上述地区或国家的大量涉案资产。随后，通过民事诉讼取得了关于这些资产归属于中国银行的司法认定，获得了关于向中国银行返还上述资产的司法裁决，为最终收回上述资产提供了依据。我国一些地方检察机关也指导和帮助有关单位通过民事诉讼，追回了被犯罪嫌疑人转移到国外的资产。如北京市检察机关办理的李化学贪污、挪用公款、受贿案，在开展国际追赃追逃工作过程中，由被害单位在澳大利亚提起民事诉讼追回了800多万元的赃款，也是一起通过民事诉讼在国外成功追赃的案例。

李化学在任北京市城乡建设集团副总经理、恒万实业有限公司董事长及担任澳大利亚房地产开发负责人期间，利用职务之便，贪污、挪用公款、受贿并用部分赃款在澳大利亚投资房产等。2000 年 1 月李化学潜逃国外。北京市人民检察院立案后，经最高人民检察院批准并在澳大利亚的执法部门和有关方面的协助下，组成工作组赴澳大利亚调查取证，核实了李化学在澳大利亚等地的犯罪资产情况。为了避免国有资产流失，检察机关建议以受害单位——北京城乡建设集团的名义在澳大利亚提起民事诉讼。随后，受害单位聘请律师在澳大利亚起诉，并申请当地法院冻结李化学的犯罪资产。由于证据确凿，李化学辩称诉讼标的属于他人所有的意见被法院驳回。最终通过民事诉讼，澳大利亚法院判决北京城乡建设集团胜诉，追回了有关赃款。与此同时，2000 年 8 月潜逃国外的李化学也被追捕归案。因此，通过在国外提起民事诉讼是国际追赃的有效途径之一，也是今后加强反腐败国际追赃的一个重要方向。

三是利用区域性合作渠道追赃。赃款、赃物在与我国相邻国家境内的，负责办理案件的人民检察院通过与边境省份的检察机关或其他司法机关联系，必要时由最高人民检察院予以协调，利用边境省份的检察机关或其他司法机关与相邻国家的区域性合作渠道，在当地有关部门协助下，进行追缴。

四是动员犯罪嫌疑人退缴。对犯罪嫌疑人已从国外追捕归案而赃款、赃物仍在国外的，或者犯罪嫌疑人在国内而将赃款、赃物存放在国外的，或者犯罪嫌疑人拟回国投案而赃款在国外的，负责办理案件的人民检察院应努力通过认真做好犯罪嫌疑人的思想工作，教育、动员其以有效的方式将转移到国外的赃款赃物转回境内，由司法机关依法处理。利用这种方式追赃，前提是做好犯罪嫌疑人的思想工作，使其愿意配合追赃；关键是要认真研究国外银行的管理制度特别是存取款制度以及是否在中国境内有分支机构等情况，确保能运用这种方式顺利开展追赃工作；特别要注意的是工作要严谨细致、周密稳妥、安全合规。对于需要犯罪嫌疑人授权委托办案人员或其他人员到国外办理转款手续的，事先必须把有关国家法律等规定、银行转款的相关要求、需要注意的细节都了解得一清二楚，防止因工作不扎实、不细致而导致被银行拒付；对于需要犯罪嫌疑人直接到外国银行在我境内分支机构办理专款手续的，必须制订详细的实施方案，对人员安排、交通接送、临时羁押场所、安全防范、紧急情况的处置预案都要逐项研究，事先进行实地勘查，把每个环节、每个细节、各种可能性都考虑到，确保绝对安全、万无一失。如果赃款在国外被用于购买房产、股票的，还要根据不同情况，研究具体而稳妥的处置变现办法，确保追赃时能最大限度地挽回经济损失。在劝返工作中，对于赃款赃物在国外的，应当作为劝返的重要内容，要求犯罪嫌疑人不仅要主动回国自首，而且应同时将赃款转回国内或者配合有关方面将赃款转回国内。对主动配合退缴赃款、赃物的，依法宽大处理。2014年最高人民检察院组织开展职务犯罪国际追逃追赃专项行动后，各地检察机关综合运用引渡、遣返、劝返和执法合作等多种措施开展追逃追赃工作，切实加大对潜逃犯罪嫌疑人及其近亲属、重要关系人的政策和心理攻势，动员犯罪嫌疑人投案自首、退赃。如涉嫌共同受贿犯罪的张某，系吉林省国税局原局长孙某的妻子。孙某受贿犯罪案发后，张某潜逃国外。专项行动开始后，检察人员第一时间向孙某宣讲了最高人民法院、最高人民检察院、公安部、外交部共同下发的《关于敦促在逃境外经济犯罪人员投案自首的通告》，帮助孙某分析形势，晓以利害。孙某主动给妻子张某写信，要求其配合调查，促使张某携儿子一同回国，并将转移国外的3500万元赃款全额转回国内。福建省石狮市宝盖镇某村原村长龚某2013年1月因涉嫌贪污犯罪潜逃至菲律宾，2014年11月28日从菲律宾回国向检察机关投案自首，也退回赃款近40万元①。总之，在条件成熟时，通过动员犯罪嫌疑人退赃或者配合检察机关追赃，对于国际追赃往往能起到事半功倍的效果，是破解国际追赃难题的管用、常用办法。

以上都是过去我国开展职务犯罪国际追赃的主要的、常规的途径和办法，检察机关在国内各方面的大力支持和协作下，已经通过上述途径解决了不少案件的国际追赃问题，积累了比较丰富的成功经验。同时，上述途径追赃也通常是与国际追逃同步开展、协同推进的，因很多问题在上述国际追逃工作中已经做了介绍，故不再重复。

---

① 参见2015年1月20日检察日报《最高检采取9项措施开展国际追逃追赃》、2015年1月19日人民网《最高检发布七起职务犯罪国际追赃专项行动典型案例》等报道。

三、运用违法所得没收程序开展反腐败国际追赃的若干问题

2012 年 3 月 14 日，第十一届全国人民代表大会第五次会议对我国刑事诉讼法进行了第二次修正。修正后的刑事诉讼法增设了"未成年人刑事案件诉讼程序""当事人和解的公诉案件诉讼程序""犯罪嫌疑人、被告人逃匿、死亡案件违法所得的没收程序""依法不负刑事责任的精神病人的强制医疗程序"四大特别程序。其中，"犯罪嫌疑人、被告人逃匿、死亡案件违法所得的没收程序"（以下简称违法所得没收程序），解决了在贪污贿赂犯罪嫌疑人、被告人逃匿或者死亡的情况下，对其违法所得及其他涉案财产的没收问题，为惩治和预防贪污贿赂犯罪提供了有力的法律武器。2013 年 1 月 1 日，修正后的刑事诉讼法生效后，全国检察、审判机关积极探索运用违法所得没收程序开展国际追赃工作，特别是江西省上饶市鄱阳县财政局经济建设股原股长李华波违法所得没收案件，成为第一起运用该程序开展国际追赃的案例，已经成功审理并由上饶市中级人民法院作出裁定，积累了宝贵的经验。同时，从司法机关运用该程序追赃的初步实践看，虽然最高人民法院《关于适用〈中华人民共和国刑事诉讼法〉的解释》、最高人民检察院《人民检察院刑事诉讼规则（试行）》，都对适用该程序进行了比较详尽的解释，但实际工作中尚有很多问题需要研究、明确，法律的相关规定也尚待进一步研究、完善。为此，2017 年 1 月 4 日，最高人民法院、最高人民检察院又联合制发了《关于适用犯罪嫌疑人、被告人逃匿、死亡案

件违法所得没收程序若干问题的规定》，（以下简称"两高"司法解释）对实践中运用违法所得没收程序追赃工作中遇到的很多问题都作出了明确规定。这些规定更加符合实际，必将有力推进运用违法所得没收程序开展反腐败国际追赃工作。这一司法解释既非常重要，也非常及时，其内容更是非常丰富。这里仅结合反腐败国际追赃实践，对其中的有关问题进行研究。

（一）关于基本概念及适用范围、适用条件的理解等问题

根据刑事诉讼法规定，违法所得没收程序适用于贪污贿赂犯罪、恐怖活动犯罪等重大犯罪案件。对贪污贿赂犯罪案件，适用违法所得没收程序追赃，要研究以下问题。

1. 关于"贪污贿赂犯罪案件"的具体适用范围

2015 年 8 月 29 日，第十二届全国人民代表大会常务委员会第十六次会议通过的《中华人民共和国刑法修正案（九）》［以下简称《刑法修正案（九）》］，在《刑法》第 390 条后增加一条，作为第 390 条之一，将"为谋取不正当利益，向国家工作人员的近亲属或者其他与该国家工作人员关系密切的人，或者向离职的国家工作人员或者其近亲属以及其他与其关系密切的人行贿"的行为规定为犯罪，解决了利用影响力受贿罪的行贿方行贿行为的定罪量刑问题，是我国惩治腐败犯罪刑法进一步健全的体现。《刑法修正案（九）》通过后，"两高"司法解释将该条罪名确定为"对有影响力的人行贿罪"。至此，刑法第八章规定的贪污贿赂犯罪已经增至 14 个罪

名。根据刑事诉讼法第 280 条第 1 款的规定，对于贪污贿赂犯罪、恐怖活动犯罪等重大犯罪案件，犯罪嫌疑人、被告人逃匿，在通缉一年后不能到案，或者犯罪嫌疑人、被告人死亡，依照刑法规定应当追缴其违法所得及其他涉案财产的，人民检察院可以向人民法院提出没收违法所得的申请。对于上述刑事诉讼法中的"贪污贿赂犯罪"是包括刑法规定的贪污贿赂犯罪 14 个罪名，还是仅指贪污罪和受贿、行贿等贿赂犯罪？对此，我们认为，法律规定是非常明确的，即刑事诉讼法第 280 条中的"贪污贿赂犯罪"与刑法第八章使用的"贪污贿赂罪"一词本质是一致的，没收程序中的贪污贿赂犯罪当然包括刑法第八章规定的全部 14 个罪名的案件。这与刑事诉讼法第 148 条第 2 款关于检察机关使用技术侦查措施的案件范围，是不一样的。后者使用的是"贪污、贿赂犯罪案件"，由于中间加了一个顿号，因此在贪污、贿赂案件中，技术侦查措施仅适用于贪污和受贿、单位受贿、利用影响力受贿、行贿、对单位行贿、单位行贿、介绍贿赂，以及新增设的对有影响力的人行贿罪等 9 个罪名的案件。总之，法律的规定很明确，2017 年 1 月 4 日的"两高"司法解释更是将"贪污贿赂犯罪"所包括的 14 种案件逐一列出，而不是将其限制为"贪污、贿赂犯罪案件"，这是符合立法精神的。

　　以上适用范围问题，只是理论上需要明确的问题。实际工作中更需要研究的问题是，是否所有的贪污贿赂犯罪案件都需要或者有必要运用没收程序追赃？从刑法第 64 条规定和司法实践看，也许不是所有案件都一定要适用违法所得没收程序。具体有以下四种情形：一是自然人实施的贪污、受贿、利用影响力受贿、挪用公款、行贿、巨额财产来源不明、介绍贿赂、对有影响力的人行贿等犯罪案件，只要符合刑事诉讼法其他法定条件，无疑可以适用该程序。二是单位实施的单位受贿、单位行贿这两种单位犯罪案件，其违法所得归单位，一般情况下纵使应当承担刑事责任的自然人逃匿或者死亡，也不必然影响到对单位犯罪的追诉和违法所得的追缴，故是否需要适用这一程序，可能需要进一步研究，需要根据每个案件的情况依法处理。三是私分国有资产、私分罚没财物犯罪案件，由于往往涉及很多人，如何追缴被私分的财物比较复杂，适用这一程序可能需要审慎研究。四是隐瞒境外存款犯罪案件，如果在境外的存款本来就是犯罪所得，当然可以适用；但如果不是犯罪所得，能否适用该程序可能就需要研究。这是由隐瞒境外存款罪本身的复杂性所决定的，其背后涉及的是隐瞒境外存款罪法律本身在适用方面需要研究的深层问题，因与本书无关这里不予深究。

综上，我们认为，理论上违法所得没收程序中的贪污贿赂犯罪案件应包括刑法规定的 14 个罪名；实践中，到底哪些贪污贿赂犯罪案件需要或者可以运用该程序追赃，可能需要进一步实践和研究。同时，要指出的是，强调理论上没收程序适用于所有的贪污贿赂犯罪案件，与实践中要区别情况、具体问题具体分析并不矛盾，前者要解决的是"是否可以适用"的问题，后者强调的是实践中要"慎重适用"的问题，"能不能适用"与"是否要适用"是两个不同层面的问题，从而确保既有备无患，又因案制宜，把法律的作用发挥好。

2. 关于"重大贪污贿赂犯罪案件"标准的把握

根据刑事诉讼法和最高人民法院、最高人民检察院有关司法解释的规定，在反腐败查办职务犯罪案件工作中，能够运用违法所得没收程序追赃的主要包括两类案件，一是重大贪污贿赂犯罪案件，并以犯罪嫌疑人、被告人逃匿和经通缉一年后不能到案为条件；二是犯罪嫌疑人、被告人死亡的案件。对于犯罪嫌疑人、被告人死亡的案件，刑事诉讼法和相关司法解释规定都很清楚，第一，此类案件适用于刑法规定的所有罪名，而不仅限于贪污贿赂犯罪、恐怖活动犯罪这两类犯罪。因此，所有的职务犯罪案件，如果犯罪嫌疑人、被告人死亡的，只要有依照刑法规定应当追缴其违法所得及其他涉案财产的，都可以运用没收程序来解决追赃问题。第二，此类案件不以"重大犯罪"为适用的前提和标准，故从理论上看，只要有依法应当追缴的赃款就可以适用。因此，刑事诉讼法生效以后，一些走私、金融诈骗等方面的犯罪嫌疑人、被告人死亡的案件，也适用了该程序来解决赃款的追缴问题，检察机关依法向人民法院提出了违法所得没收的申请，人民法院也依法受理、公告、审理。我们认为，这些都是符合法律规定的，也为完善该程序进行了有益的探索。

对于贪污贿赂犯罪案件适用违法所得没收程序追赃，如何界定其中的"重大犯罪案件"标准，最高人民法院《关于适用〈中华人民共和国刑事诉讼法〉的解释》第508条，针对"重大犯罪案件"的认定标准曾提出了三条意见。第一，"犯罪嫌疑人、被告人可能被判处无期徒刑以上刑罚的"。此类案件必然是非常严重的犯罪，但实际上不好把握。因为从刑法规定看，只有贪污、挪用公款、受贿、行贿四类犯罪可以判处无期徒刑，其他案件刑法没有规定可以判处无期徒刑，这就使得其他案件可能难以适用该程序追赃。而且在《刑法修正案（九）》之前，如果按照原来刑法关于个人贪污、受贿数额"在十万元以上的，处十年以上有期徒刑或者无期徒刑"的规定，就以贪污、受贿10万元作为该程序的追诉标准，可能太低。对贪污、受贿数额在10万元以上的，一律认定为"可能被判处无期徒刑以上刑罚的"案件，不符合司法解释精神。且从审判实践看，有的贪污、受贿几百万元甚至几千万元，也不一定判处无期徒刑。但如果个人贪污、受贿几百万元甚至几千万元的案件，也不能认定为上述解释中的"可能被判处无期徒刑以上刑罚的"案件，同样不符合该司法解释精神。《刑法修正案（九）》施行之后，虽然该修正案取消了原来刑法关于贪污、受贿犯罪定罪量刑的数额规定，但"两高"2016年4月18日发布并施行的《关于办理贪污贿赂刑事案件适用法律若干问题的解释》，对贪污、受贿犯罪定罪量刑的数额问题做出了详尽规定，以指导和规范各地司法机关的工作。按照该司法解释规定，贪污、受贿数额在3万元以上不满20万元的，或者虽然贪污、受贿数额在1万元以上不满3万元，但具有该解释规定特殊情形的，处3年以下有期徒刑或者拘役，并处罚金。贪污、受贿数额在20万元以上不满300万元的，或者虽然贪污、受贿数额在10万元以上不满20万元，但具有该解释规定的特殊情形的，处3年以上10年以下有期徒刑，并处罚金或者没收财产。贪污、受贿数额300万元以上的，或者虽然贪污、受贿数额在 150 万元以上不满 300 万元、但具有该解释规定的特殊情形的，处 10 年以上有期徒刑、无期徒刑或死刑，并处罚金或者没收财产。这些说明，以"可能被判处无期徒刑以上刑罚的"案件作为"重大犯罪案件"的标准，如果按照《刑法修正案（九）》之后新司法解释的规定，客观上又可能会压缩案件的适用范围，这一新标准又可能存在过高之嫌。第二，"案件在本省、自治区、直辖市或者全国范围内有较大影响的"。这是一条具有较大弹性的标准，其好处是不以数额或者刑罚来作为标准，使司法机关可以更灵活地适用这一程序。第三，"其他重大犯罪案件"。这属于兜底条款，如果完全撇开数额标准，也比较难以把握和操作。

为此，2017 年 1 月 4 日"两高"关于违法所得没收程序的司法解释第 2 条，再次对刑事诉讼法第 280 条第 1 款中的"重大犯罪案件"作出解释，规定"在省、自治区、直辖市或者全国范围内有较大影响，或者犯罪嫌疑人、被告人逃匿境外的"，应当认定为刑事诉讼法第 280 条第 1 款中的"重大"犯罪案件。这一解释突出强调了案件的"影响"程度，其优势是使得法律适用更具有弹性，为司法机关办案提供了更大的空间。但是也可能使得各地司法机关感到仍然难以把握，因为此类案件标准如何把握可能会仁者见仁、智者见智。实践中如何界定"案件在本省、自治区、直辖市或者全国范围内有较大影响"，仍有一定的困难。而将"犯罪嫌疑人、被告人逃匿境外的"，直接解释为"重大"犯罪案件，有利于统一执法司法标准，也符合外逃案件涉案数额都比较大的实际，也有利于积极运用该程序追赃和开展反腐败国际合作。

我们认为，对于贪污贿赂犯罪案件，必要时可以运用违法所得没收程序追赃，根据 2012 年 3 月 8 日全国人大常委会副委员长王兆国所作的关于《中华人民共和国刑事诉讼法修正案（草案）》的说明，其立法本意是"为严厉惩治腐败犯罪""并与我国已加入的联合国反腐败公约"的要求相衔接。"重大犯罪案件"标准的把握，既要考虑必要性，也要考虑可行性，还要考虑经济性。如果在扣的赃款数额太小或者根本无赃可追，启动该程序可能就没有太大的意义。违法所得没收程序属于新生事物，没有成功经验可以借鉴。"两高"司法解释，为各地司法机关提供了一个大概的、比较笼统的标准，虽然有很多问题要进一步研究，但目前尚难以强求最高司法机关提出更为具体、精确的标准。同时，随着 2016 年 4 月 18 日"两高"对《刑法修正案（九）》涉及贪污贿赂犯罪数额等定罪量刑标准作出解释后，各地再把两方面的司法解释结合起来，那么对贪污贿赂"重大犯罪案件"的理解就更为全面，也会更好把握。同时，总体上启动该程序还是应有查封、扣押、冻结的涉案款物为前提，或者在国外发现了赃款下落，如果没有在扣赃款就无法启动该程序。总之，各地检察机关、审判机关需要在具体个案的办理实践中，加强沟通、研究和协调，通过对个案的办理，进一步总结经验、解决问题、增进共识。

对于犯罪嫌疑人、被告人死亡的，按照"两高"司法解释第 4 条规定，"依照刑法规定应当追缴其违法所得及其他涉案财产的，人民检察院可以向人民法院提出没收违法所得的申请"。如上所述，这种情形适用于所有的刑事案件，而不仅包括贪污贿赂等法律和司法解释列举的案件，同时此类情形适用没收程序也要考虑诉讼的成本和效益。除此之外，还要研究法律的协调问题和侦查程序的启动等问题。因为，实践中出现了有的行为人在侦查机关立案侦查前就死亡了，而"犯罪嫌疑人、被告人"的称谓是在司法机关刑事立案后；在没有刑事立案前行为人就死亡了，是否就没有"犯罪嫌疑人"这一说了？这是要明确的问题。另外，刑事诉讼法第 15 条规定，犯罪嫌疑人、被告人死亡的，不追究刑事责任，已经追究的，应当撤销案件，或者不起诉，或者终止审理，或者宣告无罪。按照这一规定行为人在立案侦查前死亡的，理论上是不能再立案的，不能立案就不能启动侦查程序，不能启动侦查程序怎么收集证据？没有证据怎么提出没收违法所得的申请？这两个问题又是具有某种内在联系的，均是需要研究和明确的问题。对此，我们认为，第一，犯罪嫌疑人的概念既是诉讼程序上的概念，从这个角度看是立案以后才有的概念；同时，犯罪嫌疑人的概念也可以理解为有犯罪嫌疑的人，这是实质意义上的概念，刑事诉讼法第 15 条所提及的犯罪嫌疑人应当主要理解为实质意义上的犯罪嫌疑人，实际是承认在立案前就存在犯罪嫌疑人这一概念。因此行为人在立案前死亡的，如果有犯罪嫌疑，则应认定为没收程序中的犯罪嫌疑人。第二，虽然按照刑事诉讼法第 15 条规定，行为人在立案前死亡的，理论上不能再对行为人立案侦查了，但是按照违法所得没收程序这一特别程序的规定，犯罪嫌疑人死亡了仍可以依法启动没收程序。而解决这一问题的办法就是启动"以事立案"，在启动"以事立案"后就可以按照法定程序、法定规则和法定标准收集、固定证据，从而为启动没收程序做好证据上的准备。最后要指出的是，按照刑法第 87 条至第 89 条关于时效的规定，犯罪经过法律规定的期限后是不能再追诉的，那么对于超过追诉时效的案件能否启动没收程序？特别是如果同时具备犯罪嫌疑人死亡的情况下怎么处理？这可能也是将来司法实践中会遇到的问题。按照上述司法解释"依照刑法规定应当追缴其违法所得及其他涉案财产的，人民检察院可以向人民法院提出没收违法所得的申请"的规定，我们倾向于不能启动没收程序。总之，对此类情形到底如何处理为好，有待进一步研究和明确。

3. 关于"逃匿"的理解和把握

逃匿本意是指"逃跑并躲藏起来"。对于刑事诉讼法中的逃匿，上述"两高"司法解释指出："犯罪嫌疑人、被告人为逃避侦查和刑事追究潜逃、隐匿，或者在刑事诉讼过程中脱逃的"，应当认定为刑事诉讼法第 280 条第 1 款规定的"逃匿"；"犯罪嫌疑人、被告人因意外事故下落不明满二年，或者因意外事故下落不明，经有关机关证明该公民不可能生存的"，依照刑事诉讼法第 280 条第 1 款关于"逃匿"的规定处理。这些为司法机关进一步准确把握"逃匿"指明了方向。实践中，认定犯罪嫌疑人、被告人逃匿，核心的要素，一是司法机关无法在其居住地或者工作地找到他（或她），哪怕他事实上就在原地隐匿也算；二是无法与其联系上，在人间"蒸发"了，根本找不到了，无法将其传唤、拘传或者追捕到案，进行讯问或者刑事审判。因此，逃匿的核心是潜逃、隐匿，其目的则是逃避侦查和刑事追究。如果犯罪嫌疑人、被告人只是因故一时离开居住地或者工作地，并无逃避侦查和刑事追究的目的，司法机关能与其联系上，并且其能按照司法机关的要求到案，那就不能认定为逃匿。至于脱逃，其结果也应是隐匿起来了，如果脱逃后不久又被追捕归案，也不算这里的逃匿。最高人民法院等"六机关"《关于实施刑事诉讼法若干问题的规定》第38条第2款规定：被告人脱逃的，应当裁定中止审理。人民检察院可以依法另行向人民法院提出没收违法所得的申请。因此，犯罪嫌疑人、被告人在刑事诉讼中脱逃的，当然应认定为逃匿。司法解释将"犯罪嫌疑人、被告人因意外事故下落不明满二年，或者因意外事故下落不明，经有关机关证明该公民不可能生存的"，按照"逃匿"处理，而不是按照"死亡"处理，主要考虑是在刑事诉讼中不存在"推定死亡"的说法。此类情形，按照民事诉讼法第184条至第186条之规定，经利害关系人申请，人民法院是可以宣告死亡的。但刑事诉讼不能这么做，因此认定为逃匿是合适的。对此，侦查机关需要注意的是，既然按照逃匿处理，不仅要满足上述条件，而且要满足"在通缉一年后不能到案"的条件，才有可能启动没收程序。故对此类情形，侦查机关应注意及时进行通缉，以满足启动程序的法定条件。

贪污贿赂犯罪案件中的"逃匿"，实践中从去向上看，主要不外乎有两种情形：一是查明犯罪嫌疑人、被告人已经逃到国（境）外，一般称"外逃案件"；二是没有查到犯罪嫌疑人、被告人逃到国（境）外的记录，一般判定为"国内潜逃"，但不能排除个别人员已经逃到国（境）外。对于国内潜逃的案件，只要在通缉一年后没有将其缉捕归案，就可以认定为逃匿一年后不能到案。而外逃案件就比较复杂，有的不了解其在国（境）外的具体下落；有的则掌握其在国（境）外的具体下落，但是除非得到本人和所在国同意，检察机关也不可能直接同其接触，因为办案人员不能随意到国外执法；有的还根据中方的请求，相关国家的执法、司法机关以非法移民或者触犯所在国刑法而对外逃案犯提起行政或刑事诉讼。我们认为，刑事诉讼法所规定的"逃匿，在通缉一年后不能到案"，其实质是强调中国司法机关因为犯罪嫌疑人、被告人不能到案，而无法对其进行有效的侦讯，无法对其进行审判。因此，对于掌握其外逃具体下落，包括被国外追诉的犯罪嫌疑人、被告人，不管不能到案的原因是什么，均应认定为"逃匿"。只要经通缉一年后不能到案的，就可以运用该程序追赃。否则，如认为此类情形不能适用该程序，就会影响外逃案件的追赃和反腐败的国际合作，立法目的也实现不了。实际工作中，对于外逃案犯已经或者正在国外受到追诉，又需要运用违法所得没收程序来开展国际追赃的，检察机关依法启动没收程序，人民法院依法受理、审理，这是完全符合法律规定的，并且为今后办理类似案件提供了经验。

4. 关于"通缉"的理解和把握

通缉是指公安机关、人民检察院对于应当逮捕的在逃犯罪嫌疑人发布通缉令进行缉捕的侦查措施。对于国内潜逃的，人民检察院可以直接决定通缉并由公安机关发布通缉令；对于潜逃出境需要通缉的，层报最高人民检察院商请国际刑警组织中国国家中心局，通过国际刑警组织发布红色国际通报。目前，实践中对国内公安机关的通缉令和国际刑警组织的红色国际通报，都可以认定为"通缉"，国内各方面对此已经没有歧义，"两高"司法解释第 5 条也予以了明确。对有关案件都是这么掌握、处理的，也得到国外有关执法机关的认可，既符合刑事诉讼法的立法精神，也符合反腐败国际追赃的实际情况。

　　需要研究的是，多年来随着公安机关信息化建设的发展，公安机关破案追逃已经采取了"网上追逃"的新机制，公安机关立案侦查的案件一般也不发布通缉令。适应这种新形势，检察机关办理的贪污贿赂犯罪逃匿案件，基本上都是通过公安追逃网进行"网上追逃"，在国内一般不再发布通缉令。而对潜逃国境外的，有的又没有发布红色通报，仅在国内上网追逃。"网上追逃"其作用、效果与传统意义上的通缉没多大差别，且更有利于追逃工作的开展。如根据公安部的有关规定，"通缉令"应当广泛张贴，并可以通过广播、电视、报刊、计算机网络等方式发布。在信息化水平低下的时代，通缉令都是制成纸质的，并且在通缉范围内广泛张贴，这种方式不仅追逃成本高，而且效率也不一定高。这种低效率、高成本追逃方式在信息化飞速发展的今天，已经没有太大的意义和作用，完全可以通过"网上追逃"来替代，并且可以高效地实现追逃的目的。我们想，这也是现在通常只在特别重大的恶性案件、暴恐案件中，才见到公安机关发布纸质通缉令的重要原因。但由于"网上追逃"没有通缉令，形式上就不符合法律规定。我们认为，鉴于"网上追逃"事实上已经起到了通缉令的作用，是多年来公安机关追逃的主要方式，也是今后追逃将长期坚持的工作机制，因此理想的方式是将"网上追逃"解释为通缉，这样就不必再补办通缉手续。但是，由于上述"两高"司法解释没有将"网上追逃"纳入通缉的范畴，因此目前仍应严格按照司法解释的规定，该补办通缉手续的还要补办手续。对新发生的腐败犯罪案件，在主要通过网上追逃的方式来追逃的同时，也应按规定程序在国内发布通缉令，对外逃的还要发布国际红色通报，这样才能为启动没收程序做好准备。

5. 关于违法所得及其他涉案财产的理解和把握

我国《刑法》第64条规定："犯罪分子违法所得的一切财物，应当予以追缴或者责令退赔；对被害人的合法财产，应当及时返还；违禁品和供犯罪所用的本人财物，应当予以没收。"最高人民法院《关于适用〈中华人民共和国刑事诉讼法〉的解释》第509条规定，实施犯罪行为所取得的财物及其孳息，以及被告人非法持有的违禁品、供犯罪所用的本人财物，应当认定为刑事诉讼法第280条第1款规定的"违法所得及其他涉案财产"。而"两高"关于违法所得没收程序的司法解释第6条就违法所得的认定问题，则进一步明确了三条意见：

一是通过实施犯罪直接或者间接产生、获得的任何财产，应当认定为刑事诉讼法第280条第1款规定的"违法所得"；

二是违法所得已经部分或者全部转变、转化为其他财产的，转变、转化后的财产应当视为"违法所得"；

三是来自违法所得转变、转化后的财产收益，或者来自已经与违法所得相混合财产中违法所得相应部分的收益，应当视为"违法所得"。

违法所得没收程序，仅适用于依照刑法规定应当追缴的违法所得及其他涉案财产，对合法财产则不能没收、追缴。这方面的问题，将在下文中进一步探讨。

6. 关于违法所得没收案件管辖问题

刑事诉讼法第 281 条第 1 款规定，没收违法所得的申请，由犯罪地或者犯罪嫌疑人、被告人居住地的中级人民法院组成合议庭进行审理。法律强调由中级法院进行一审，并且必须由合议庭审理，其目的都是保证正确适用法律，既依法追缴、没收违法所得及其他涉案财产，又防止该程序被误用甚至滥用。因此，基层法院对此类案件没有管辖权，必须由中级人民法院统一行使一审的管辖权。

根据《人民检察院刑事诉讼规则（试行）》第 533 条的规定，检察机关立案侦查的贪污贿赂犯罪案件，犯罪嫌疑人、被告人逃匿或者死亡，符合启动违法所得没收程序的，应当由承办案件的检察院侦查部门写出没收违法所得意见书，连成案卷材料一并移送有管辖权的人民检察院侦查部门，并由有管辖权的人民检察院侦查部门移送本院公诉部门审查，公诉部门经审查后作出是否提出没收违法所得申请的决定。因此，如果案件不是由犯罪地或者犯罪嫌疑人、被告人居住地的地市级人民检察院立案侦查的，都应移送有管辖权的人民检察院办理。这就要求对犯罪嫌疑人逃匿案件，原则上要尽量少用指定异地侦查管辖的办法来办理。否则，协调违法所得没收案件的管辖就更为复杂。

7. 关于公告问题

根据刑事诉讼法第 281 条第 2 款规定，人民法院受理没收违法所得的申请后，应当发出公告。公告期间为 6 个月。就公告问题，根据最高人民法院《关于适用〈中华人民共和国刑事诉讼法〉的解释》第 512 条，做出了相关规定。而"两高"司法解释第 11 条规定则更为明确，指出：人民法院受理没收违法所得的申请后，应当在十五日内发布公告，公告期为六个月。公告期间不适用中止、中断、延长的规定。公告应当载明以下内容：（一）案由、案件来源以及属于本院管辖；（二）犯罪嫌疑人、被告人的基本情况；（三）犯罪嫌疑人、被告人涉嫌犯罪的事实；（四）犯罪嫌疑人、被告人逃匿、被通缉、脱逃、下落不明、死亡的情况；（五）申请没收的财产的种类、数量、价值、所在地以及已查封、扣押、冻结财产的清单和相关法律手续；（六）申请没收的财产属于违法所得及其他涉案财产的相关事实；（七）申请没收的理由和法律依据；（八）利害关系人申请参加诉讼的期限、方式以及未按照该期限、方式申请参加诉讼可能承担的不利法律后果；（九）其他应当公告的情况。

"两高"司法解释第 12 条还规定，公告应当在全国公开发行的报纸、信息网络等媒体和最高人民法院的官方网站刊登、发布，并在人民法院公告栏张贴。必要时，公告可以在犯罪地，犯罪嫌疑人、被告人居住地或者被申请没收财产所在地张贴。公告最后被刊登、发布、张贴日期为公告日期。人民法院张贴公告的，应当采取拍照、录像等方式记录张贴过程。人民法院已经掌握境内利害关系人联系方式的，应当直接送达含有公告内容的通知。直接送达有困难的，可以委托代为送达、邮寄送达。经受送达人同意的，可以采用传真、电子邮件等能够确认其收悉的方式将公告送达，并记录在案；人民法院已经掌握境外犯罪嫌疑人、被告人、利害关系人联系方式，经受送达人同意的，可以采用传真、电子邮件等能够确认其收悉的方式将公告送达，并记录在案；受送达人未作出同意意思表示，或者人民法院未掌握境外犯罪嫌疑人、被告人、利害关系人联系方式，其所在地主管机关明确提出应当向受送达人送达含有公告内容的通知的，受理没收违法所得申请案件的人民法院可以决定是否送达。决定送达的，应当将公告层报最高人民法院，由最高人民法院依照刑事司法协助条约、多边公约，或者按照对等互惠原则，请受送达人所在地国（区）的主管机关协助送达。

按照上述关于公告期限、送达方式等的规定，只要人民法院严格履行了相关程序、完成了相关工作，那么公告 6 个月期满后，不管犯罪嫌疑人、被告人的近亲属以及其他与涉案财产有关的利害关系人是否申请参加诉讼，也不管近亲属、其他利害关系人有没有提出异议，从法律上即视为已经送达，人民法院就有权依法开庭审理，并依法作出裁定。对于犯罪嫌疑人在国内逃匿的案件，按照这些规定办理是完全可行的。但对于潜逃国外的案件，则不能完全满足办案的需要，目前至少有两个问题要研究。一是公告送达的对象问题，现行法律规定没有对是否应当向逃匿在外国的犯罪嫌疑人（或被告人）本人送达公告，如果外逃案犯所在国的法律要求必须送达本人以保障其诉讼权利的，如何处理从现行法律中找不到答案。对此本次"两高"司法解释明确可以送达，这是有必要的。其原因，我们将在后文进一步研究和说明。二是公告期限问题。最高人民法院《关于适用〈中华人民共和国刑事诉讼法〉的解释》第 521 条规定，公告期间和请求刑事司法协助的时间不计入审理期限。对于外逃案犯，从实践看，仅仅 6 个月的公告期限有时是不足以满足办案需要的，因为其中很多问题都需要两国执法甚至外交部门的协调，如果中间因为各种原因而耽搁，就需要很长的时间，会超出 6 个月的公告期。为此，我们认为，请求刑事司法协助的时间不仅应当不计入审理期限，也不应计入公告期限。

8. 关于利害关系人问题

根据刑事诉讼法第 281 条第 2 款规定，犯罪嫌疑人、被告人的近亲属和其他利害关系人有权申请参加诉讼，也可以委托诉讼代理人参加诉讼。对于本条中的近亲属，我们认为应当按照刑事诉讼法第 106 条规定的范围来把握，即"近亲属"是指夫、妻、父、母、子、女、同胞兄弟姊妹。对于利害关系人的范围，最高人民法院《关于适用〈中华人民共和国刑事诉讼法〉的解释》第 513 条规定，对申请没收的财产主张所有权的人，应当认定为刑事诉讼法第 281 条第 2 款规定的"其他利害关系人"。"两高"司法解释第 7 条则进一步就刑事诉讼法中的有关用词做了进一步的界定，明确刑事诉讼法第 281 条第 3 款规定的"利害关系人"，包括犯罪嫌疑人、被告人的近亲属和其他对申请没收的财产主张权利的自然人和单位；而刑事诉讼法第 281 条第 2 款、第 282 条第 2 款规定的"其他利害关系人"，则仅指犯罪嫌疑人、被告人近亲属以外的"其他对申请没收的财产主张权利的自然人和单位"。这样就把刑事诉讼法中的"利害关系人"

和"其他利害关系人"区别开来，同时明确"利害关系人"和"其他利害关系人"都包括自然人和单位，这有利于保障包括单位在内的各方面的合法权益。"两高"司法解释第13条还规定，利害关系人（包括犯罪嫌疑人、被告人的近亲属和其他利害关系人）申请参加诉讼的，应当在公告期间内提出，并提供与犯罪嫌疑人、被告人关系的证明材料或者证明其可以对违法所得及其他涉案财产主张权利的证据材料。利害关系人可以委托诉讼代理人参加诉讼。利害关系人在境外委托的，应当委托具有中华人民共和国律师资格并依法取得执业证书的律师，依照最高人民法院《关于适用〈中华人民共和国刑事诉讼法〉的解释》第403条的规定对授权委托进行公证、认证。利害关系人在公告期满后申请参加诉讼，能够合理说明理由的，人民法院应当准许。这些规定，有利于保障利害关系人的合法权益，也有利于确保所办违法所得没收案件的质量经得起检验。根据上述规定，对于赃款被转移到国外的案件，运用违法所得没收程序追赃时，特别要注意的是对国外可能存在的利害关系人诉讼权利的保障，以免因为国内法院在公告期间没有考虑这些利害关系人，如没有按照有关国家的法律向其送达公告而使其失去参加诉讼的机会与权利，进而导致中国法院的裁定在国外请求承认和执行时遇到困难，甚至被国外法院拒绝承认和执行的局面。

（二）关于违法所得没收程序的溯及力问题

对于违法所得没收程序是否具有溯及力，也就是是否适用于修正刑事诉讼法生效以前的犯罪案件，理论界有不同的观点。有的认为，我国立法法第 84 条规定，法律、行政法规、地方性法规、自治条例和单行条例、规章不溯及既往，但为了更好地保护公民、法人和其他组织的权利和利益而作的特别规定除外。从保障犯罪嫌疑人、被告人权利角度出发，对于 2013 年 1 月 1 日以前的犯罪案件不能适用违法所得没收程序。否则，就违反了法律不溯及既往的原则。有的则认为，刑事诉讼法与刑法不同，作为程序法当然具有溯及力。我们认为，刑事诉讼法增设的这一特别程序当然适用于此前的犯罪案件，只要没有超过追诉期限就可以运用该程序追赃。

第一，我国刑法贯彻了"法律不溯及既往"原则。立法法第 84 条所规定的"法律不溯及既往"原则，针对的是调整实体权利与义务的法律规范，在刑事领域针对的是规定犯罪与刑罚的实体性法律规范，也即针对的是刑法。在我国衡量某一行为是否为犯罪、是否应当追诉、是否超过追诉期限，唯一法律规范和标准是刑法。现行《刑法》第 12 条明确规定："中华人民共和国成立以后本法施行以前的行为，如果当时的法律不认为是犯罪的，适用当时的法律；如果当时的法律认为是犯罪的，依照本法总则第四章第八节（即《刑法》第 87 条至第 89 条规定）的规定应当追诉的，按照当时的法律追究刑事责任，但是如果本法不认为是犯罪或者处刑较轻的，适用本法。本法施行以前，依照当时的法律已经作出的生效判决，继续有效。"上述关于"刑法的溯及力"的规定，不仅贯彻了"法律不溯及既往"原则，而且确定了"从旧兼从轻"原则，更有利于保障犯罪嫌疑人、被告人的合法权益，与《立法法》第 84 条的精神是完全一致的。

刑法对追诉时效做了详尽规定，对于逃避侦查、审判的，根据刑法第 88 条规定，"不受追诉期限的限制"。因此，对于潜逃国外的职务犯罪嫌疑人，只要中国司法机关发现犯罪立案侦查时没有超过追诉期限，就始终拥有管辖权和追诉权，且不受追诉期限的限制。只要逃犯没有归案，司法机关就应坚持不懈地进行追捕，并可运用违法所得没收程序追赃。

第二，根据刑法第 64 条规定，犯罪分子违法所得的一切财物，都应当予以追缴或者责令退赔。追缴违法所得一般是在对被告人的定罪判决中加以解决，而违法所得没收程序则是在被告人未到案的情形下解决违法所得追缴的又一种途径。中国 2005 年 10 月 27 日批准加入的《联合国反腐败公约》第 54 条第 1 款第 3 项呼吁各国"采取必要措施，以便在因为犯罪人死亡、潜逃或者缺席而无法对其起诉的情形或者其他有关情形下，能够不经过刑事定罪而没收这类财产"。中国 2006 年 2 月 28 日批准加入的《制止向恐怖主义提供资助的国际公约》第 8 条对没收涉及恐怖活动资产提出了要求。全国人民代表大会考虑上述公约的要求，结合中国反腐败、反恐活动的实际，增设违法所得没收程序。连同修改后刑事诉讼法同时增设的"未成年人刑事案件诉讼程序""当事人和解公诉案件诉讼程序""依法不负刑事责任的精神病人的强制医疗程序"，共计四种特别程序。这四种特别程序理所当然地适用于 2013 年 1 月 1 日起司法机关已经或正在查办的所有案件，而不管犯罪行为是发生在此前还是之后，这是贯彻我国宪法刑法和刑事诉讼法关于法律面前人人平等原则的必然要求。

第三，所有调整诉讼程序的法律，无论是刑事诉讼法还是民事诉讼法、行政诉讼法，自生效之日起即适用于所有正在办理的案件，纵使该案件所针对的事实发生在法律生效之前，也要依照新的程序法办理，这是我国司法实践的一贯做法，从无异议。我国刑事诉讼法于1979年通过，2012年3月14日第二次修正。修正后的刑事诉讼法于2013年1月1日生效。即自修正的法律生效之日起，凡是办理刑事案件，不管犯罪行为是发生在2013年1月1日之前还是之后，均一律按照修正后的刑事诉讼法来办理，而不等于对在生效之前的犯罪行为就不予追究，更不等于对在生效之前的犯罪行为只能按照犯罪时的刑事诉讼法来办理。相反，对于任何犯罪行为，只要没有超过追诉期限，都应当予以追究，并且按照侦查、审判时的刑事诉讼法规定的程序办理。例如，修正后的《刑事诉讼法》第34条规定："犯罪嫌疑人、被告人可能被判处无期徒刑、死刑，没有委托辩护人的，人民法院、人民检察院和公安机关应当通知法律援助机构指派律师为其提供辩护。"这一规定虽然是新增加的规定，但自2013年1月1日起，司法机关办理任何犯罪嫌疑人、被告人可能被判处无期徒刑、死刑的案件，如果他们没有委托辩护人，纵使犯罪行为发生在2013年1月1日之前，公安、司法机关也有义务通知法律援助机构指派律师为其提供辩护。而不能因为犯罪时的刑事诉讼法没有这种规定，就不通知法律援助机构指派律师为其提供辩护。因此，对于2013年1月1日之前司法机关已经立案侦查的外逃案犯，或者2013年1月1日之后发现之前犯罪并潜逃国外的案犯且没有超过追诉时效的，只要符合刑事诉讼法第 280 条之规定的条件，司法机关理应可以并且应当运用违法所得没收程序来追赃。

第四，刑事诉讼法是程序法，而新生效的程序法可以适用于该法生效前发生的行为，是世界各国诉讼程序法制的惯例，并且体现在中国与一些国家缔结的涉及诉讼程序的条约之中。如《中华人民共和国和加拿大关于刑事司法协助的条约》第 23 条第 2 款规定："本条约适用于条约生效后提出的认可请求，即使该请求所涉及的行为或不行为发生在条约生效之前。"此类关于诉讼程序类规则具有溯及既往效力的国际条约规范不胜枚举①。

还要指出的是，对于违法所得没收程序的溯及力问题尽管有过一些不同认识，但理论界总体上是没有大的分歧的，各地检察机关、审判机关认识也是统一的，不存在不能适用于修正刑事诉讼法以前案件的问题。事实上，目前各地办理的违法所得没收案件，多数都是发生在修正刑事诉讼法 2013 年 1 月 1 日生效之前，司法机关在修正刑事诉讼法生效之后才办理了相关案件，使得一批犯罪嫌疑人、被告人逃匿、死亡案件中的违法所得及其他涉案财产依法得到了追缴，有效地发挥了刑事诉讼法增设的这一特别程序在惩治和预防贪污贿赂等犯罪中的作用。

（三）关于违法所得没收案件证明标准和举证责任的把握问题

关于办理违法所得没收案件的证明标准，刑事诉讼

---

① 这部分溯及力的内容参考了黄风教授的有关研究成果。

法修订后，最高人民法院《关于适用〈中华人民共和国刑事诉讼法〉的解释》第516条、最高人民检察院《人民检察院刑事诉讼规则（试行）》第528条对违法所得没收案件与传统公诉定罪案件在证明标准上要求是一致的，都要求必须达到"事实清楚，证据确实、充分"的程度。这种审慎态度，有利于确保案件质量，防止程序被滥用，但是也存在标准过高等问题，需要进一步研究。

1. 违法所得没收案件与定罪案件适用同样的证明标准不具有可行性

首先，从刑事诉讼原理来看，两者难以适用同样的证明标准。刑事诉讼是对已经发生的案件进行"再复原"，受主、客观因素的影响，司法机关所认定的"法律事实"与案件的客观事实本身难以保证绝对一致。在传统公诉定罪案件中，尽管被告人在案，司法机关对其进行了详尽的讯问，充分听取其供述及其律师的辩护意见，法院仍会以"事实不清、证据不足"对一些指控不予采纳。同样，侦查机关、侦查部门认为事实清楚、证据确实充分，公诉部门认为"事实不清、证据不足"，也是屡见不鲜。对于违法所得没收案件而言，犯罪嫌疑人、被告人或逃匿或死亡，几乎没有口供，就更不可能做到绝对的"证据确实、充分"。

其次，从程序的性质上看，违法所得没收程序作为新增的特别程序，与传统公诉案件的定罪量刑普通程序有很大差别。违法所得没收程序的前提是犯罪嫌疑人、被告人逃匿不到案或者死亡，而普通程序是被告人在案。普通程序既解决行为人的定罪量刑问题，也解决涉案财产的定性与处置问题；而违法所得没收程序是行为人不在案的情形下，把刑事定罪量刑和资产没收予以分离，将资产没收作为一种独立措施的法律制度，也是《联合国反腐败公约》倡导各国采取的做法。我国刑事诉讼法没有缺席审判制度，对于逃匿犯罪嫌疑人、被告人，由于无法将其起诉到法院进行审判，对于应当没收的违法所得，只能通过特别程序加以解决。没收程序与普通程序性质不同，决定了不能要求两者证明标准完全一致。

再次，逃匿案件的证据天然地具有"缺陷性"。贪污贿赂犯罪逃匿案件，大多数是嫌疑人逃匿后才发案。等到检察机关立案侦查时，已经无法对其进行讯问。在对犯罪嫌疑人立案、讯问，犯罪事实都查清楚后逃匿的，极为少见。犯罪嫌疑人的供述和辩解都是重要的证据，以往审判实践中没有口供而定案的几乎很难。在犯罪嫌疑人逃匿后，由于无法取得其供述和辩解，也就很难完全彻底查明其犯罪的动机、经过、手段等具体细节。逃匿案件没有"口供"的特殊性，使其证据天然地具有"缺陷性"，也就无法确保其证据链条的"完整性"，进而无法做到"证据确实、充分"。

又次，贿赂案件的证据常常具有"一对一"的"单薄性"。贿赂案件物证、书证本身就很少，言词证据在认定犯罪事实中起着不可或缺的作用。而目前行贿受贿大多数都是现金交易且无第三人在场，证据"一对一"。在犯罪嫌疑人逃匿后，不仅取得行贿人（或受贿人）的口供很难，纵使取得行贿人（或受贿人）的口供，也由于没有受贿人（或行贿人）的口供，如果没有其他证据的有力支持，就很难做到"证据确实、充分"。需要注意的是，虽然贪污案件一般有银行转账等书证，但现在不少犯罪分子作案时通过地下钱庄洗钱，有的从银行取现后再通过其他途径将赃款转移到国（境）外，赃款转账环节存在"断裂"现象，纵使在境外查到了赃款，但赃款流向不可能严丝合缝地予以查清，也就做不到"证据确实、充分"。

最后，境外追赃案件其证据更加具有"复杂性"。对于赃款被转移到境外的，往往涉及多个国家或地区，既无法查清赃款流转的每一个环节转账的具体经过，也不可能收集到所有环节的证据。同时，纵使能查到赃款在境外的最终去向，也必须由有关国家提供刑事司法协助，调取并移交相关证据资料。而国外执法机关提供给我们的证据资料，也不可能完全符合我国刑事诉讼法关于证据形式的要求。如果机械地按照我国刑事诉讼法的规定，对国外执法机关提供的证据资料不予采信，或者必须按我国法律补证后才能采信，不仅影响两国执法合作，也会使此类案件的证据更难满足"确实、充分"的要求。

总之，对逃匿案件适用违法所得没收程序进行追赃，完全套用传统公诉案件"证据确实、充分"的证明标准，从实践看几乎没有几个案件能达到这种要求。这种苛刻的证明标准，将导致刑事诉讼法规定的特别程序形同虚设，无法发挥其惩治和预防腐败犯罪的作用和威慑力。但是，如果证明标准过于宽松，没有相应的证据为支撑，就可以对逃匿或者死亡犯罪嫌疑人的财产通过特别程序予以没收，也有可能会导致程序的滥用和对人权的侵犯。这也是必须坚决避免的。

2. "两高"对违法所得没收案件证明标准的完善

正是因为违法所得没收案件与传统的公诉案件在证

明标准上必须区别开来，"两高"在总结实践的基础上，及时对违法所得没收案件的证明标准进行了完善。2017年1月4日"两高"《关于适用犯罪嫌疑人、被告人逃匿、死亡案件违法所得没收程序若干问题的规定》第16条规定：人民法院经审理认为，申请没收的财产属于违法所得及其他涉案财产的，除依法应当返还被害人的以外，应当予以没收；申请没收的财产不属于违法所得或者其他涉案财产的，应当裁定驳回申请、解除查封、扣押、冻结措施。第17条规定：申请没收的财产具有高度可能属于违法所得及其他涉案财产的，应当认定为本规定第16条规定的"申请没收的财产属于违法所得及其他涉案财产"；巨额财产来源不明犯罪案件中，没有利害关系人对违法所得及其他涉案财产主张权利，或者利害关系人对违法所得及其他涉案财产虽然主张权利但提供的相关证据没有达到相应证明标准的，应当视为"申请没收的财产属于违法所得及其他涉案财产"。

上述司法解释与"两高"原来各自发布的司法解释有着本质的区别，核心就是放弃了原来"事实清楚，证据确实、充分"的标准，而代之以"具有高度可能属于违法所得及其他涉案财产"的新的证明标准。这一新的标准，与最高人民法院《关于适用〈中华人民共和国民事诉讼法〉的解释》第108条关于民事诉讼的证明标准本质上是一致或者接近的。根据上述解释第108条规定，"对负有举证证明责任的当事人提供的证据，人民法院经审查并结合相关事实，确信待证事实的存在具有高度可能性的，应当认定该事实存在"。理论界一般认为，民事诉讼采用的是优势证明标准，上述司法解释采用的实际也是优势证明标准，这种证明标准与刑事诉讼证明标准是不同的，民事诉讼对证明标准的要求比刑事诉讼要低得多。因此，从"两高"关于违法所得没收程序的司法解释来看，对违法所得没收案件实际是采纳了民事诉讼的证明标准，这比较符合违法所得没收案件的特点和规律，与世界上一些国家的没收案件证明标准也是一致的，有利于把法律关于没收程序的作用发挥好。从国外看，美国、英国、加拿大、澳大利亚、新西兰等国家都采用优势证明标准。如美国民事没收制度只需以优势证明拟没收的财产被用于或者源于非法活动。2000年，《美国民事资产没收改革法》改变之前的做法，由联邦政府负责证明财产与非法活动的关联性。《美国法典》第18章第983条民事没收违法所得一般规定也明确了举证责任，并明确只需优势证据，联邦政府就履行了举证责任，即可提出民事没收程序。总之，正如上面所分析的，完全套用传统公诉案件证明标准，并不符合违法所得没收案件办理的实际情况，对证明标准按照客观规律加以完善是必要的，也是正确的，这也是最新司法解释的一个重大飞跃，是司法解释的重大进步，必将对实践中适用违法所得没收程序起到重要的促进作用。因而，今后办案均要按新司法解释的标准来把握，切实防止仍按原来标准办案，防止仍按原有思维来办案，从而把新司法解释的作用发挥好。

3. 对违法所得没收案件证明标准的把握与侦查取证的建议和思考

我们认为，对于违法所得没收案件，不能完全按照传统公诉案件的思维方式和证明标准，强求既要证明犯罪事实，还要证明申请没收的财产确属犯罪所得，两者能一一对应，并且证据达到"确实、充分"的程度。同时，虽然新的司法解释对证明标准做了调整，客观上放宽了证明标准，但是作为侦查机关仍要按照比较高的标准来开展侦查取证工作，不能因为证明标准放宽了就可以放松对侦查取证的要求，尽最大努力做到"基本事实清楚，基本证据充分，基本可以排除合理怀疑"。具体可以从以下几个方面来开展工作：

第一，要切实做到追逃与追赃并重。多年来，检察机关与有关部门紧密合作，不断加大追逃与追赃力度，取得了显著成效。修订后刑事诉讼法实施后，要在坚持不懈地加强追逃工作的同时，更加重视追赃工作，为启动独立的追赃程序而更加重视相关的取证、固定证据工作，以便于能够切实把违法所得没收程序的作用发挥好。对于贪污贿赂犯罪嫌疑人逃匿的，不管是否逃到国外，在采取通缉等措施缉捕的同时，都必须尽最大努力，侦查犯罪嫌疑人涉嫌的犯罪事实，追查犯罪嫌疑人违法所得及其他涉案财产的种类、数量、所在地等情况，及时收集、固定相关证据，依法采取查封、扣押、冻结等措施，为运用违法所得没收程序追赃奠定坚实的基础。

第二，根据不同情况采取相应的证明标准。对于贪污、挪用公款两种犯罪案件，首先，要查明贪污、挪用公款的犯罪事实。这两种案件一般都有账可查，纵使犯罪嫌疑人潜逃国外并且将赃款转移到国外，其贪污犯罪事实一般情况下是能查清楚的。如果犯罪事实本身就查不清楚，就难以运用没收程序追赃。其次，如果赃款流向清晰并查到赃款的最终流向，各个转账环节的证据及相关证人证言都已收集到位、足以认定，无疑可以认定为"事实清楚、证据确实充分"，则完全可运用没收程序追赃。最后，如果追查到全部或者部分赃款的最终流向，但是赃款流转环节一些问题无法查清，有的证据收集不到位。例如，犯罪嫌疑人贪污 5000 万元事实清楚，但只查到其在国外银行存款合人民币 3000 万元，国内证据和有关人员证实帮助犯罪嫌疑人通过地下钱庄将 2000 万元人民币转移到国外；另外 1000 万元只有犯罪嫌疑人才能说清楚，但无法取到其口供。类似案件，能否对 3000 万元都申请法院裁定没收？我们认为，只要检察机关通过核查犯罪嫌疑人的合法收入，可以排除这 1000 万元不是来自犯罪嫌疑人或他人的合法财产，就可以对 3000 万元运用没收程序进行追赃。否则，若只对 2000 万元追赃，则等于默认另外 1000 万元属于犯罪嫌疑人合法财产，这显然背离了立法精神。因此，对于贪污、挪用公款案件，只要犯罪事实本身清楚，只要能够排除属于其合法财产，纵使犯罪事实与所发现的财产之间，一时不能查清其对应关系，仍可以运用没收程序追赃。

对于受贿案件，关键也是把握两个方面。一是虽然没有口供但基本可以认定受贿犯罪事实存在，包括犯罪嫌疑人利用职务便利为他人谋取利益的事实、赃款的出处等都清楚，行贿人及相关证人的证言、有关书证等证据基本收集到位。如果认定受贿犯罪基本事实不清、基本证据不足，就不能运用没收程序追赃。二是有证据证明拟申请没收财产确属受贿的赃款；或者虽然没有证据证明拟申请没收财产确属受贿的赃款，但经过对犯罪嫌疑人以及其家庭成员合法收入的调查，可以排除不是犯罪嫌疑人及其家庭成员的合法财产。只要具备了这些条件，就可以运用没收程序追赃。受贿一般都是现金交易，受贿人如何处置受贿赃款，很多情况下只有自己清楚。在犯罪嫌疑人在案的情形下，我们尚且不能保证追缴或者退缴的"赃款"就一定是当初受贿的那些赃款。在受贿人未到案的情形下，对发现的受贿人名下的财产，要证明一定就是来自某一笔受贿款，就更为困难，更不可能强求"证据确实、充分"。

第三，要立足于全案的基本事实、基本脉络、基本逻辑来研究违法所得没收案件的证据问题。违法所得没收案件的特殊性就在于犯罪嫌疑人逃匿后，无法取得其供述，很多情况下也无法查清犯罪事实与所发现的财产之间的绝对对应关系，更不可能把所有的细节都查清楚并收集到相关证据。这种特殊性，决定了办理此类案件不能完全采用传统公诉案件的思路，而必须要有新的思路。要本着既有利于惩治犯罪，又切实尊重和保障人权，既发挥法律的作用，又防止程序的滥用的精神和原则，立足于从全案的基本事实、基本脉络和基本逻辑来思考问题、研判案件。切实把握一个"前提"，即犯罪嫌疑人实施了贪污贿赂犯罪，并且有应当追缴的违法所得及其他涉案财产。没有实施贪污贿赂犯罪，或者虽有犯罪但没有发现可以追缴的财产，就不可能适用这一程序。着力把握一个"关键"，即可以排除拟没收的财产属于犯罪嫌疑人的合法财产。办理此类案件，首先要在查清事实、收集证据上下功夫。同时，也要在调查犯罪嫌疑人合法财产上下功夫，通过对其收入包括投资、经营所得的核查，采取"排除法"，如能排除拟没收财产中有合法财产，就可以予以没收。除非犯罪嫌疑人、被告人的近亲属和其他利害关系人能够举出反证，证明拟没收的财产属于犯罪嫌疑人或者他们所有的财产，才应裁定不予没收。只有这样，法律才能落到实处，才能对外逃贪官的财产进行没收。否则，纵使费尽九牛二虎之力查找到外逃贪官在国外的财产，仅仅因为一些证据收集不到位就不能裁定没收，会严重影响国外追赃工作。这方面，国外的违法所得推定制度值得借鉴。如在英国、德国等国家，在发现大量来源不明的可疑财产时，实行违法所得推定制度，将证明该财产系合法所得的证明责任转移由被告人承担，从而减轻控方的举证责任和举证难度。《联合国打击跨国有组织犯罪公约》《联合国禁止非法贩运麻醉药品和精神药物公约》，也是将证明财产系合法所得的证明责任转移由被告人承担。我们在能排除拟没收的财产系合法财产的前提下，对该财产理应依法予以没收。

第四，必须围绕违法所得没收案件的特点开展侦查取证工作。办理违法所得没收案件与办理传统的贪污贿赂犯罪案件，在取证范围、广度上是不一样的。办理传统的贪污贿赂犯罪案件，只要依法查明犯罪事实、收集固定相关证据，确保事实清楚、证据确实充分、侦查取证程序和行为合法规范即可，对其他案件以外的因素一般情况下是不必考虑的。而要成功办理违法所得没收案件，除了要努力查清犯罪事实、收集固定犯罪证据外，实际还要做更多的侦查取证工作，侦查取证的范围也要宽很多，向法院提供的案件证据和材料也要多得多。"两高"司法解释第8条规定，"人民检察院向人民法院提出没收违法所得的申请，应当制作没收违法所得申请书。

没收违法所得申请书应当载明以下内容：

（一）犯罪嫌疑人、被告人的基本情况；

（二）案由及案件来源；

（三）犯罪嫌疑人、被告人涉嫌犯罪的事实及相关证据材料；

（四）犯罪嫌疑人、被告人逃匿、被通缉、脱逃、下落不明、死亡的情况；

（五）申请没收的财产的种类、数量、价值、所在地以及已查封、扣押、冻结财产清单和相关法律手续；

（六）申请没收的财产属于违法所得及其他涉案财产的相关事实及证据材料；

（七）提出没收违法所得申请的理由和法律依据；

（八）有无利害关系人以及利害关系人的姓名、身份、住址、联系方式；

（九）其他应当写明的内容。

上述材料需要翻译件的，人民检察院应当将翻译件随没收违法所得申请书一并提供给人民法院。"

以上这些内容，实际也就是侦查取证的要求和范围，足以说明办理此类案件与传统公诉案件的区别，也足以说明办理违法所得没收案件在侦查取证的范围上比传统公诉案件要宽得多，工作量也要大得多。检察机关作为贪污贿赂犯罪案件侦查主体，启动违法所得没收程序来追赃，首先要按照上述要求做好证据的收集、固定工作，同时注意查明有无利害关系人等情况，还要特别注意对犯罪嫌疑人及其家庭成员合法收入等的查证，从而为排除合法财产做好准备。对于相关材料需要翻译的，还要聘请有翻译资格的有关机构组织人员进行翻译。

第五，要研究和正确把握此类案件的既判力问题。我们认为，刑事诉讼法第 283 条第 2 款之所以规定"没收犯罪嫌疑人、被告人财产确有错误的，应当予以返还、赔偿"，就是因为没收案件具有特殊性，对其既判力的要求，有必要低于对传统公诉案件既判力的要求。相应地，其证明标准也低于公诉案件的证明标准。如果犯罪嫌疑人归案后，查明没收财产确有错误的，依法予以纠正，该返还的返还，该赔偿的赔偿。如出现此类案件，要实事求是地分析原因并吸取教训，但不宜简单地将其归结于错案并追究承办人的责任。否则，法官、检察官可能不敢或不愿意办理此类案件，特别是在推行司法责任制改革的新形势下，法官、检察官的责任更重了，必然使得其在办案工作中会更加谨慎，如果简单地认定为错案可能谁也不敢担责任，最终的结果则可能会导致这一特别程序"空转"。

总之，证明标准的把握问题是办理违法所得没收案件中的核心问题，既关乎该程序的有效适用，也关乎人权的保障，两者都要兼顾考虑。由于在修改后刑事诉讼法通过之前，司法机关没有办理过违法所得没收案件，并无现成经验可以借鉴，这是一个新课题。虽然"两高"司法解释对证明标准作出了完善，但是实践中仍然难免会有不同的认识，要把司法解释的规定落实到办案中，很有可能会遇到不少情况。必须坚持理论与实践相结合，通过积极稳妥地办理一批案件，在实践中深化认识、增进共识。

4. 关于举证责任问题

如上所述，违法所得没收案件不能完全套用传统公诉案件的证明标准，相应地，其举证责任的分配也应与传统公诉案件有所不同。《人民检察院刑事诉讼规则（试行）》第 535 条规定："人民法院对没收违法所得的申请进行审理，人民检察院应当承担举证责任。"我们认为，检察机关的举证责任是，基本能够证明犯罪嫌疑人或被告人实施了贪污贿赂犯罪，基本能够证明拟没收的财产属于犯罪的违法所得及其他涉案财产；或者，虽然不能直接证明拟没收财产来自其犯罪所得，但能够排除是其合法财产。检察机关要围绕三方面进行取证、固证和举证：一是犯罪事实本身的证据；二是拟没收财产与犯罪事实关系的证据；三是犯罪嫌疑人及家庭成员合法收入情况并能基本排除属于合法财产。虽然有贪污贿赂犯罪，但如果发现的财产是其合法财产，例如多处房产属于其合法收入购得，没有找到赃款下落，那就不宜对这些房产予以没收。需要指出的是，"两高"司法解释规定，巨额财产来源不明犯罪案件中，没有利害关系人对违法所得及其他涉案财产主张权利，或者利害关系人对违法所得及其他涉案财产虽然主张权利但提供的相关证据没有达到相应证明标准的，应当视为"申请没收的财产属于违法所得及其他涉案财产"。这一解释无疑是正确的，但也要注意的是侦查机关仍然要做大量的取证工作，并不意味对此类案件就可以简单应付。因此，办理违法所得没收案件，不能套用传统公诉案件的举证责任，既要适当减轻检察机关的举证责任，又要确保基本能排除属于合法财产。

　　对申请没收的财产主张所有权的人，最高人民法院《关于适用〈中华人民共和国刑事诉讼法〉的解释》第

513条要求其"应当提供申请没收的财产系其所有的证据资料"。我们认为，这一解释合乎实际。利害关系人如果要主张所有权，就应承担举证责任，做到谁主张谁举证。任何人，不管是近亲属还是其他主张所有权的人，在提出自己权利主张的同时，必须用证据来证明和支持自己的所有权主张，如证明拟没收的财产属于自己的合法收入，或者通过合法、有偿的途径取得拟没收的财产。对此，"两高"司法解释也有明确要求，如第13条规定，利害关系人申请参加诉讼的，应当在公告期内提出，"并提供与犯罪嫌疑人、被告人关系的证明材料或者证明其可以对违法所得及其他涉案财产主张权利的证据材料"。第15条规定，"利害关系人及其诉讼代理人对申请没收的财产属于违法所得及其他涉案财产等相关事实及证据有异议的，可以提出意见；对申请没收的财产主张权利的，应当出示相关证据"。这些规定，既保障了利害关系人的诉讼权利，也明确了其诉讼义务，特别是如果要对申请没收财产主张权利，就必须承担举证的义务，这些是符合实际的，也是科学合理的。

（四）跨国案件法律协调问题

司法实践中，对于在案犯罪嫌疑人、被告人转移到国外的赃款，一般应通过做犯罪嫌疑人、被告人的工作，促其配合将赃款转回国内依法处理，或者在法院判决后依据判决请有关国家提供刑事司法协助追缴赃款。

对于犯罪嫌疑人、被告人潜逃下落不明，但查明赃款转移到了国外；或者查明犯罪嫌疑人、被告人已潜逃国外，赃款亦在国外，需要运用违法所得没收程序进行追赃的，此类涉外案件由于涉及两个甚至多个国家，就必须按照国际刑事司法协助的基本原则，主要是国家主权原则和平等互利原则来办理。国家不分大小，都应相互尊重、平等互惠，在刑事司法协助上必须基于自愿，并且遵循国际条约和国际惯例。当有关国家的法律与我国法律发生冲突时，应当在不违背我国法律基本原则的前提下，在对等互惠的基础上协商解决。

刑事诉讼法增设违法所得没收程序的一个重要目的，就是要通过健全国外追赃法律制度、加强反腐败国际合作，有效追缴被外逃贪官转移到境外的赃款，挤压外逃贪官在国外的生存空间和对抗资本，进而维护国家法律尊严、预防腐败犯罪。但是，刑事诉讼法的规定是否完全能满足国外追赃的需要，尚有待观察。至少从实践中暴露出来的问题看，有的问题还需要研究和明确。例如，刑事诉讼法仅规定人民法院受理没收申请后"应当发出公告""犯罪嫌疑人、被告人的近亲属和其他利害关系人有权申请参加诉讼，也可以委托诉讼代理人参加诉讼"，没有考虑到已知外逃贪官确切下落这种情形，没有对此类情形下犯罪嫌疑人诉讼地位、诉讼权利的规定。如果有关国家按照其国内法律的规定，要求必须将"公告"送达犯罪嫌疑人、必须给予犯罪嫌疑人参加诉讼的权利，否则就不能承认和执行中国法院的裁决。又如，对于违法所得没收案件的一审裁定，刑事诉讼法第 282 条第 2 款规定，犯罪嫌疑人、被告人的近亲属和其他利害关系人或者人民检察院可以提出上诉、抗诉，也同样没有考虑到特殊情形下外逃案犯是否可以上诉的问题。对这些涉及外逃案犯诉讼权利的问题如何处理，刑事诉讼法没有明确规定。

我们认为，根据刑事诉讼法规定，人民法院的公告无须送达犯罪嫌疑人、被告人，只要公告6个月期满，即视为已经送达。对于国内潜逃的案件，以及潜逃国外不知道逃犯具体下落的案件，在公告期满后，只要人民法院准备就绪，就可以依法进行审理并作出裁定。但是，这种规定是建立在犯罪嫌疑人包括被告人处于逃匿状态的前提下，由于其逃匿而无法将其追捕归案、无法对其进行讯问，更不存在同其联系接触的问题，自然也就不存在向其本人送达公告的问题。当犯罪嫌疑人逃匿国外并在两国合作下正在国外受到追诉时，情况就变得非常复杂，一是要通过与国外有关执法机关合作追逃追赃，实现这一目标通常需要一个过程；二是检察机关除非得到其同意，否则就不可能到国外同其接触；三是如果双方商定通过外方承认和执行中方法院的违法所得没收裁定来解决追赃问题，虽然外方在承认和执行中方裁定时一般不审查实体问题，但有可能要审查程序问题，即在诉讼程序上要求满足外方法律的要求，尊重有关国家的法律特别是对诉讼参与人诉讼权利保障的规定。因此，在这种特殊情况下，机械地按刑事诉讼法规定不予送达是不行的，而是应当按照有关国家法律的要求，将公告、一审裁定送达犯罪嫌疑人本人并给予其参加诉讼包括上诉的权利。第一，这是遵循国家主权原则和平等互利原则的必然要求。境外追赃工作中，尊重对方国家主权必须尊重其司法主权和法律制度。如果不将公告送达犯罪嫌疑人本人并给予其参加诉讼的权利，有关国家将因不符合其法律规定，而有可能无法承认并执行中国法院的裁决，那么国内所做的一切工作就付诸东流。这不仅解决不了问题，而且还因对此类案件束手无策，而引发一系列严重后果和负面效应。第二，这不违背刑事诉讼法立法精神和基本原则。刑事诉讼法关于违法所得没收程序的规定由于实践经验不足等因素，难免挂一漏万，难免需要完善。对国内法律与国外法律需要协调的问题，如果按照国外法律处理有关问题，有利于境外追赃、有利于反腐败国际合作，就应当大胆实践、积极探索。这既不违背我国刑事诉讼法的精神和基本原则，更是实现立法目的的需要。第三，从实践看，真正能运用违法所得没收程序进行境外追赃的案件，大多已经知道犯罪嫌疑人在国外的下落，并且国外也对其已经以非法移民提起行政诉讼或者以洗钱等犯罪提起刑事诉讼，是两国执法机关合作努力的结果。对这些案件，仅仅因为国内法律没有规定，就不按对方要求办事，将来国外追赃工作就会十分被动。第四，赋予犯罪嫌疑人参加诉讼的权利并不影响诉讼的进行，但参加诉讼的方式可以灵活掌握，并与相关国家的执法机关事先做好协调，通过双方商定的渠道请国外有关执法机关代为送达并反馈送达情况。在履行了送达程序并告知诉讼权利、参与诉讼的途径和期限后，如果犯罪嫌疑人不在规定的时间内申请参与诉讼或者没有上诉，人民法院就可以依法进行审理，所作出的裁定在国外就能顺利地得到承认和执行。

对于跨国案件涉及的法律协调问题，"两高"在修改后刑事诉讼法通过后的有关司法解释很少涉及，而《关于适用犯罪嫌疑人、被告人逃匿、死亡案件违法所得没收程序若干问题的规定》中则用了很多条文和篇幅来予以规范，这些都是在总结实践的基础上作出的规定，具有较强的针对性和可操作性。主要有：

第一，关于送达问题。"两高"司法解释第12条规定关于公告的规定中，专门就涉及境外犯罪嫌疑人等的公告送达问题做出规定。即"人民法院已经掌握境外犯罪嫌疑人、被告人、利害关系人联系方式，经受送达人同意的，可以采用传真、电子邮件等能够确认其收悉的方式告知其公告内容，并记录在案；受送达人未作出同意意思表示的，或者人民法院未掌握境外犯罪嫌疑人、被告人、利害关系人联系方式，其所在地国（区）主管机关明确提出应当向受送达人送达含有公告内容的通知的，受理没收违法所得申请案件的人民法院可以决定是否送达。决定送达的，应当将公告层报最高人民法院，由最高人民法院依照刑事司法协助条约、多边公约，或者按照对等互惠原则，请受送达人所在地国（区）的主管机关协助送达"。第14条规定，人民法院确定开庭日期后，应当将开庭的时间、地点通知人民检察院、利害关系人及其诉讼代理人、证人、鉴定人员、翻译人员，"受送达人在境外的，至迟在开庭审理三十日前送达"。这些规定，核心就是明确对于潜逃境外的犯罪嫌疑人、被告人，在某些情形下是可以将公告送达其本人的，以保障其诉讼权利，也是为了保证将来法院作出的裁定能得到承认和执行的需要。

第二，关于参加诉讼问题。"两高"司法解释第19条规定，"犯罪嫌疑人、被告人逃匿境外，委托诉讼代理人申请参加诉讼，且违法所得或者其他涉案财产所在地国（区）主管机关提出明确意见予以支持的，人民法院可以准许。人民法院准许参加诉讼的，犯罪嫌疑人、被告人的诉讼代理人依照本规定关于利害关系人的诉讼代理人的规定行使诉讼权利"。这一规定，对外逃案犯如何参加诉讼做出了比较科学的安排，即在必要时人民法院可以允许外逃案犯以委托诉讼代理人的方式参加诉讼。第18条规定，"利害关系人非因故意或者重大过失在第一审期间未参加诉讼，在第二审期间申请参加诉讼的，人民法院应当准许，并发回原审人民法院重新审判"。这条规定也涉及境外利害关系人，而非仅适用于国内的利害关系人。

　　第三，关于法律文书的制作问题。"两高"司法解释第22条规定，违法所得或者其他涉案财产在境外的，负责立案侦查的公安机关、人民检察院等侦查机关应当制作查封、扣押、冻结的法律文书以及协助执行查封、扣押、冻结令的请求函，层报公安部、最高人民检察院等各系统最高上级机关后，由公安、检察院等各系统最高上级机关依照刑事司法协助条约、多边条约，或者按照对等互惠原则，向违法所得或者其他涉案财产所在地国（区）主管机关请求协助执行。被请求国（区）的主管机关提出，查封、扣押、冻结法律文书的制发主体必须是法院的，负责立案侦查的公安机关、人民检察院等侦查机关可以向同级人民法院提出查封、扣押、冻结的申请，人民法院审查同意后制作查封、扣押、冻结令及协助执行查封、扣押、冻结令的请求函，层报最高人民法院后，由最高人民法院依照刑事司法协助条约、多边条约，或者按照对等互惠原则，向违法所得或者其他涉案财产所在地国（区）主管机关请求协助执行。这些规定对于开展国际追赃也是十分必要的，其核心是解决以下问题，即如果有关国（区）主管机关不认可公安机关、人民检察院等侦查机关制作的查封、扣押、冻结令，必要时，人民法院应当制发查封、扣押、冻结令及协助执行查封、扣押、冻结令的请求函。

第四，关于没收裁定的国外执行问题。"两高"司法解释第 23 条规定，违法所得或者其他涉案财产在境外的，受理没收申请违法所得案件的人民法院经审理裁定没收的，应当制作没收令及协助执行没收令的请求函，层报最高人民法院后，由最高人民法院依照刑事司法协助条约、多边条约，或者按照对等互惠原则，向违法所得或者其他涉案财产所在地国（区）主管机关请求协助执行。在执行这一规定过程中，需要注意的是出面请求境外协助执行的中方中央机关不必一定是最高人民法院，也有可能是其他中央机关，具体要根据每个案件的不同情况来加以把握。

我们认为，上述"两高"司法解释是对违法所得没收程序的重要完善，将有效地促进国际追赃工作的开展。同时，也要注意的是，不同国家法律制度不同，各国基于其本国法律规定，对提供追赃国际合作的要求也不尽相同。由于国外追赃涉及国内法律与国外法律的协调问题，虽然有关国际公约、司法协助条约中均有扣押、没收犯罪所得或移交赃款赃物的规定，但都要求在"被请求国法律允许"或"不得侵害被请求国和第三方合法权益"的前提下，才能开展合作，而且有的国家在返还赃款、赃物时还要与请求国签订资产分享协议。因此，将来运用没收程序开展境外追赃工作，还会遇到不少法律和司法解释没有规定的问题，肯定还会遇到诸多难以预料的问题。我国目前又没有专门的刑事司法协助法。这些，决定了当遇到外国的要求在刑事诉讼法中没有规定等问题时，我们不能仅仅因为法无规定就置之不理。而应在不违背现行法律基本原则的前提下，创造性地去研究、解决，并为国家制定刑事司法协助法律和完善刑事诉讼法积累经验。

（五）关于没收范围问题

根据刑事诉讼法规定，违法所得没收案件，只解决依照刑法规定应当追缴的"违法所得及其他涉案财产"。根据刑法第 64 条和"两高"司法解释，在贪污贿赂犯罪案件中，事实上可以申请、裁决没收的主要是"犯罪嫌疑人实施犯罪行为所取得的财物及其孳息"。如贪污、受贿的赃款，及这些赃款存入银行的利息收益、投资理财、购买房产获得的收益等。违法所得没收程序，不能没收犯罪嫌疑人包括其家庭成员的合法财产。这与刑法规定的"没收财产"或"罚金"是两回事。对贪污、受贿、行贿犯罪被告人判处没收财产，对利用影响力受贿犯罪的还可判处罚金，前提是被告人在案并被判有罪，针对的都是被告人的合法财产。因此，既要依法运用违法所得没收程序开展追赃工作，更要严格依法办案、准确适用法律，坚决防止程序的滥用或误用。人民法院没收裁定生效后，必须将违法所得及其他涉案财产依法返还被害人或者上缴国库，不得擅自处理。违者依法依纪严肃处理。同时，违法所得没收后，仍应坚持不懈地缉捕在逃的犯罪嫌疑人，直至将其缉捕归案，以维护法律权威。

根据刑事诉讼法第 282 条第 1 款规定，人民法院对经查证属于违法所得及其他涉案财产，除依法返还被害人的以外，应当裁定予以没收；对不属于应当追缴的财产的，应当裁定驳回申请、解除查封、扣押、冻结措施。在对裁定没收的资产处置中，将来也会遇到不少问题。因为从实践看，很多外逃案件都发生在很久之前，有的案件原来的单位已经因兼并重组甚至注销而不存在了，有的被改成了国有股份只占到其中很小的比例。而犯罪嫌疑人贪污的赃款可能数额特别巨大，且改制时这些被贪污的资产都没有纳入改制前的国有资产来加以计算成国有股份。这就出现了对依法裁定为违法所得的财产，是返还被害人还是怎么处理的问题。这是一个需要研究、明确的重大问题。否则，不仅没有解决老问题还会引发新问题。我们认为，对贿赂案件、巨额财产来源不明案件的赃款应统一上缴财政部门；对贪污、挪用案件的赃款，涉及原发案单位为国有企业的，要区别不同情况进行处理，如果原国有企业现尚存在，则应返还该企业；对原国有单位已经不存在的包括改为股份制的，应当根据最高人民法院《关于适用〈中华人民共和国刑事诉讼法〉的解释》第 366 条规定，即"对侵犯国有财产的案件，被害单位已经终止且没有权利义务继受人，或者损失已经核销的，查封、扣押、冻结的财物及其孳息应当上缴国库"的规定处理。如果将这些资产简单地返还给被改制后的企业，等于将这些国有资产无偿送给了非国有股东，实际是不公平的。

此外，由于检察机关、审判机关都缺乏办理此类案件的经验，为确保取得良好的办案效果，对于特别重大的案件，要加强检察机关与审判机关之间的协调，确保检察机关没收违法所得的申请能够得到法院的认可和支持。否则，如果检察机关提出没收违法所得申请，不能成功地裁定予以没收，一旦被强制解除查封、扣押、冻结的资产，反而会使案件的追逃追赃工作陷入被动局面。

（六）加强违法所得没收案件办理工作

当前，司法实践中运用违法所得没收程序来追缴逃匿贪污贿赂犯罪嫌疑人赃款的案件还很有限，已经审结或正在办理的多数是犯罪嫌疑人、被告人死亡案件的违法所得没收问题。贪污贿赂犯罪嫌疑人逃匿案件中，不少案件难以运用该程序追赃，其原因是多方面的。

我们认为，违法所得没收案件数量较少，既有主观原因，也有客观原因。从主观上看，主要是有的案件侦查工作本身可能存在问题。逃匿案件，大多数是在犯罪嫌疑人逃跑了以后检察机关才立案侦查的。对防逃追逃追赃，总体上检察机关做了大量工作，取得了很大成效。但也存在不少问题。例如，有的地方在嫌疑人逃匿后没有努力追查赃款下落并采取查封、扣押、冻结等措施，导致无法启动没收程序。而从客观上看，不少案件确实难以运用违法所得没收程序追赃。有的是案件涉案金额小，达不到"重大案件"的标准，不少成年积案案值都较小，且无查扣财产，不符合启动程序的法定条件。有的是案件赃款已追缴，不需要启动没收程序。如共同犯罪案件，多数案犯已经审判，全案赃款已追缴；嫌疑人未追捕到案，但赃款已追缴。有的是案件虽然犯罪事实本身已经查清楚，但赃款下落无法查清，也就难以启动追赃程序。

我们认为，违法所得没收程序作为一种特殊的追赃程序，既是惩治贪污贿赂犯罪的有力武器，也是预防贪污贿赂犯罪的重要措施。在贪污贿赂犯罪追赃工作中，除了违法所得没收程序外，司法机关还有很多其他措施来追赃，不是所有外逃案件都一定要运用该程序来解决赃款的追缴问题，违法所得没收案件客观上数量会有限，这是正常现象。同时，也要深刻认识办理违法所得没收案件的重大意义，对符合条件的案件依法及时提出没收申请，由人民法院及时作出没收裁定，将涉案赃款予以追缴，通过此类案件的办理，就能达到惩治和预防犯罪的目的，营造使人不敢腐败、不想腐败的强大氛围。因此，办理违法所得没收案件，主要不在于案件数量的多少，而是要有一起就及时办理一起，有多少就办理多少，从而把法律的惩治作用、预防作用和威慑力、震慑力发挥出来。

从法律规定看，虽然"两高"司法解释针对实践中暴露出来的法律方面的问题，及时作出了解释，对很多法律规定不够明确的地方作出了规定，对统一和指导各地司法机关的办案工作将起到重要作用。但本书只是就"两高"办理违法所得没收案件的司法解释中，涉及贪污贿赂犯罪案件的有关问题，而且主要针对的是侦查环节的问题，做些粗浅的研究。而该司法解释涵盖侦查、公诉、审判等多个环节，涉及贪污贿赂犯罪案件和其他法定的严重刑事犯罪案件，对公诉、审判和其他严重刑事犯罪案件的问题，本书很少涉及。由于司法解释只能解决实践中已经暴露出来的问题，而随着实践的深入，将来难免还会遇到不少没有预料到的问题，并且在现行法律上没有答案，或者按现行法律不好解决的问题。因此，法律和司法解释关于违法所得没收程序的规定，在将来的实践中可能还会遇到不少需要进一步研究的问题。在法律不可能轻易修改，而法律又不能完全满足办案需要的形势下，司法机关不能消极等待，更不能无所作为。比较稳妥的办法，就是在不违背现行法律立法宗旨的前提下，本着打击犯罪与保障人权并重、既发挥没收程序的效应又防止滥用程序的精神，坚持理论与实践相结合，坚持实践出真知，通过积极稳妥地办理一批案件，在实践中加强法律适用问题的研究，在条件成熟时再完善刑事诉讼法的有关规定。

总之，随着实践的深入，违法所得没收程序适用中还会遇到各种各样的问题。这一程序是否好用、管用，只有通过实践才知道。司法机关要坚持立足国情，边实践、边总结、边研究、边规范，使其切实发挥作用并不断加以完善，从而为职务犯罪国际追赃提供更加科学、有效的法律支持。

司法解释链接　最高人民法院、最高人民检察院关于适用犯罪嫌疑人、被告人逃匿、死亡案件违法所得没收程序若干问题的规定

（2016 年 12 月 26 日最高人民法院审判委员会第 1705 次会议、最高人民检察院第十二届检察委员会第 59 次会议通过，自 2017 年 1 月 5 日起施行）

法释〔2017〕1 号

为依法适用犯罪嫌疑人、被告人逃匿、死亡案件违法所得没收程序，根据《中华人民共和国刑事诉讼法》《中华人民共和国刑法》《中华人民共和国民事诉讼法》等法律规定，现就办理相关案件具体适用法律若干问题规定如下：

　　第一条　下列犯罪案件，应当认定为刑事诉讼法第二百八十条第一款规定的"犯罪案件"：

　　（一）贪污、挪用公款、巨额财产来源不明、隐瞒境外存款、私分国有资产、私分罚没财物犯罪案件；

　　（二）受贿、单位受贿、利用影响力受贿、行贿、对有影响力的人行贿、对单位行贿、介绍贿赂、单位行贿犯罪案件；

（三）组织、领导、参加恐怖组织，帮助恐怖活动，准备实施恐怖活动，宣扬恐怖主义、极端主义、煽动实施恐怖活动，利用极端主义破坏法律实施，强制穿戴宣扬恐怖主义、极端主义服饰、标志，非法持有宣扬恐怖主义、极端主义物品犯罪案件；

（四）危害国家安全、走私、洗钱、金融诈骗、黑社会性质的组织、毒品犯罪案件。

电信诈骗、网络诈骗犯罪案件，依照前款规定的犯罪案件处理。

第二条　在省、自治区、直辖市或者全国范围内具有较大影响，或者犯罪嫌疑人、被告人逃匿境外的，应当认定为刑事诉讼法第二百八十条第一款规定的"重大"。

第三条　犯罪嫌疑人、被告人为逃避侦查和刑事追究潜逃、隐匿，或者在刑事诉讼过程中脱逃的，应当认定为刑事诉讼法第二百八十条第一款规定的"逃匿"。

犯罪嫌疑人、被告人因意外事故下落不明满二年，或者因意外事故下落不明，经有关机关证明其不可能生存的，依照前款规定处理。

第四条　犯罪嫌疑人、被告人死亡，依照刑法规定应当追缴其违法所得及其他涉案财产的，人民检察院可以向人民法院提出没收违法所得的申请。

第五条　公安机关发布通缉令或者公安部通过国际刑警组织发布红色国际通报，应当认定为刑事诉讼法第二百八十条第一款规定的"通缉"。

第六条　通过实施犯罪直接或者间接产生、获得的任何财产，应当认定为刑事诉讼法第二百八十条第一款规定的"违法所得"。

违法所得已经部分或者全部转变、转化为其他财产的，转变、转化后的财产应当视为前款规定的"违法所得"。

来自违法所得转变、转化后的财产收益，或者来自已经与违法所得相混合财产中违法所得相应部分的收益，应当视为第一款规定的"违法所得"。

第七条 刑事诉讼法第二百八十一条第三款规定的"利害关系人"包括犯罪嫌疑人、被告人的近亲属和其他对申请没收的财产主张权利的自然人和单位。

刑事诉讼法第二百八十一条第二款、第二百八十二条第二款规定的"其他利害关系人"是指前款规定的"其他对申请没收的财产主张权利的自然人和单位"。

第八条 人民检察院向人民法院提出没收违法所得的申请，应当制作没收违法所得申请书。

没收违法所得申请书应当载明以下内容：

（一）犯罪嫌疑人、被告人的基本情况；

（二）案由及案件来源；

（三）犯罪嫌疑人、被告人涉嫌犯罪的事实及相关证据材料；

（四）犯罪嫌疑人、被告人逃匿、被通缉、脱逃、下落不明、死亡的情况；

（五）申请没收的财产的种类、数量、价值、所在地以及已查封、扣押、冻结财产清单和相关法律手续；

（六）申请没收的财产属于违法所得及其他涉案财产的相关事实及证据材料；

（七）提出没收违法所得申请的理由和法律依据；

（八）有无利害关系人以及利害关系人的姓名、身份、住址、联系方式；

（九）其他应当载明的内容。

上述材料需要翻译件的，人民检察院应当将翻译件随没收违法所得申请书一并移送人民法院。

第九条　对于没收违法所得的申请，人民法院应当在三十日内审查完毕，并根据以下情形分别处理：

（一）属于没收违法所得申请受案范围和本院管辖，且材料齐全、有证据证明有犯罪事实的，应当受理；

（二）不属于没收违法所得申请受案范围或者本院管辖的，应当退回人民检察院；

（三）对于没收违法所得申请不符合"有证据证明有犯罪事实"标准要求的，应当通知人民检察院撤回申请，人民检察院应当撤回；

（四）材料不全的，应当通知人民检察院在七日内补送，七日内不能补送的，应当退回人民检察院。

第十条　同时具备以下情形的，应当认定为本规定第九条规定的"有证据证明有犯罪事实"：

（一）有证据证明发生了犯罪事实；

（二）有证据证明该犯罪事实是犯罪嫌疑人、被告人实施的；

（三）证明犯罪嫌疑人、被告人实施犯罪行为的证据真实、合法。

第十一条　人民法院受理没收违法所得的申请后，应当在十五日内发布公告，公告期为六个月。公告期间不适用中止、中断、延长的规定。

公告应当载明以下内容：

（一）案由、案件来源以及属于本院管辖；

（二）犯罪嫌疑人、被告人的基本情况；

（三）犯罪嫌疑人、被告人涉嫌犯罪的事实；

（四）犯罪嫌疑人、被告人逃匿、被通缉、脱逃、下落不明、死亡的情况；

（五）申请没收的财产的种类、数量、价值、所在地以及已查封、扣押、冻结财产的清单和相关法律手续；

（六）申请没收的财产属于违法所得及其他涉案财产的相关事实；

（七）申请没收的理由和法律依据；

（八）利害关系人申请参加诉讼的期限、方式以及未按照该期限、方式申请参加诉讼可能承担的不利法律后果；

（九）其他应当公告的情况。

第十二条 公告应当在全国公开发行的报纸、信息网络等媒体和最高人民法院的官方网站刊登、发布，并在人民法院公告栏张贴。必要时，公告可以在犯罪地、犯罪嫌疑人、被告人居住地或者被申请没收财产所在地张贴。公告最后被刊登、发布、张贴日期为公告日期。人民法院张贴公告的，应当采取拍照、录像等方式记录张贴过程。

人民法院已经掌握境内利害关系人联系方式的，应当直接送达含有公告内容的通知；直接送达有困难的，可以委托代为送达、邮寄送达。经受送达人同意的，可以采用传真、电子邮件等能够确认其收悉的方式告知其公告内容，并记录在案；人民法院已经掌握境外犯罪嫌疑人、被告人、利害关系人联系方式，经受送达人同意的，可以采用传真、电子邮件等能够确认其收悉的方式告知其公告内容，并记录在案；受送达人未作出同意意思表示，或者人民法院未掌握境外犯罪嫌疑人、被告人、利害关系人联系方式，其所在地国（区）主管机关明确提出应当向受送达人送达含有公告内容的通知的，受理没收违法所得申请案件的人民法院可以决定是否送达。决定送达的，应当将公告内容层报最高人民法院，由最高人民法院依照刑事司法协助条约、多边公约，或者按照对等互惠原则，请求受送达人所在地国（区）的主管机关协助送达。

第十三条　利害关系人申请参加诉讼的，应当在公告期间内提出，并提供与犯罪嫌疑人、被告人关系的证明材料或者证明其可以对违法所得及其他涉案财产主张权利的证据材料。

利害关系人可以委托诉讼代理人参加诉讼。利害关系人在境外委托的，应当委托具有中华人民共和国律师资格并依法取得执业证书的律师，依照《最高人民法院关于适用〈中华人民共和国刑事诉讼法〉的解释》第四百零三条的规定对授权委托进行公证、认证。

利害关系人在公告期满后申请参加诉讼，能够合理说明理由的，人民法院应当准许。

第十四条　人民法院在公告期满后由合议庭对没收违法所得申请案件进行审理。

利害关系人申请参加及委托诉讼代理人参加诉讼的，人民法院应当开庭审理。利害关系人及其诉讼代理人无正当理由拒不到庭，且无其他利害关系人和其他诉讼代理人参加诉讼的，人民法院可以不开庭审理。

人民法院对没收违法所得申请案件开庭审理的，人民检察院应当派员出席。

人民法院确定开庭日期后，应当将开庭的时间、地点通知人民检察院、利害关系人及其诉讼代理人、证人、鉴定人员、翻译人员。通知书应当依照本规定第十二条第二款规定的方式至迟在开庭审理三日前送达；受送达人在境外的，至迟在开庭审理三十日前送达。

第十五条　出庭的检察人员应当宣读没收违法所得申请书，并在法庭调查阶段就申请没收的财产属于违法所得及其他涉案财产等相关事实出示、宣读证据。

对于确有必要出示但可能妨碍正在或者即将进行的刑事侦查的证据，针对该证据的法庭调查不公开进行。

利害关系人及其诉讼代理人对申请没收的财产属于违法所得及其他涉案财产等相关事实及证据有异议的，可以提出意见；对申请没收的财产主张权利的，应当出示相关证据。

第十六条　人民法院经审理认为，申请没收的财产属于违法所得及其他涉案财产的，除依法应当返还被害人的以外，应当予以没收；申请没收的财产不属于违法所得或者其他涉案财产的，应当裁定驳回申请，解除查封、扣押、冻结措施。

第十七条　申请没收的财产具有高度可能属于违法所得及其他涉案财产的，应当认定为本规定第十六条规定的"申请没收的财产属于违法所得及其他涉案财产"。

巨额财产来源不明犯罪案件中，没有利害关系人对违法所得及其他涉案财产主张权利，或者利害关系人对违法所得及其他涉案财产虽然主张权利但提供的相关证据没有达到相应证明标准的，应当视为本规定第十六条规定的"申请没收的财产属于违法所得及其他涉案财产"。

第十八条　利害关系人非因故意或者重大过失在第一审期间未参加诉讼，在第二审期间申请参加诉讼的，人民法院应当准许，并发回原审人民法院重新审判。

第十九条　犯罪嫌疑人、被告人逃匿境外，委托诉讼代理人申请参加诉讼，且违法所得或者其他涉案财产所在地国（区）主管机关明确提出意见予以支持的，人民法院可以准许。

人民法院准许参加诉讼的，犯罪嫌疑人、被告人的诉讼代理人依照本规定关于利害关系人的诉讼代理人的规定行使诉讼权利。

第二十条　人民检察院、利害关系人对第一审裁定认定的事实、证据没有争议的，第二审人民法院可以不开庭审理。

第二审人民法院决定开庭审理的，应当将开庭的时间、地点书面通知同级人民检察院和利害关系人。

第二审人民法院应当就上诉、抗诉请求的有关事实和适用法律进行审查。

第二十一条　第二审人民法院对不服第一审裁定的上诉、抗诉案件，经审理，应当按照下列情形分别处理：

（一）第一审裁定认定事实清楚和适用法律正确的，应当驳回上诉或者抗诉，维持原裁定；

（二）第一审裁定认定事实清楚，但适用法律有错误的，应当改变原裁定；

（三）第一审裁定认定事实不清的，可以在查清事实后改变原裁定，也可以撤销原裁定，发回原审人民法院重新审判；

（四）第一审裁定违反法定诉讼程序，可能影响公正审判的，应当撤销原裁定，发回原审人民法院重新审判。

第一审人民法院对于依照前款第三项规定发回重新审判的案件作出裁定后，第二审人民法院对不服第一审人民法院裁定的上诉、抗诉，应当依法作出裁定，不得再发回原审人民法院重新审判。

第二十二条 违法所得或者其他涉案财产在境外的，负责立案侦查的公安机关、人民检察院等侦查机关应当制作查封、扣押、冻结的法律文书以及协助执行查封、扣押、冻结的请求函，层报公安、检察院等各系统最高上级机关后，由公安、检察院等各系统最高上级机关依照刑事司法协助条约、多边公约，或者按照对等互惠原则，向违法所得或者其他涉案财产所在地国（区）的主管机关请求协助执行。

被请求国（区）的主管机关提出，查封、扣押、冻结法律文书的制发主体必须是法院的，负责立案侦查的公安机关、人民检察院等侦查机关可以向同级人民法院提出查封、扣押、冻结的申请，人民法院经审查同意后制作查封、扣押、冻结令以及协助执行查封、扣押、冻结令的请求函，层报最高人民法院后，由最高人民法院依照刑事司法协助条约、多边公约，或者按照对等互惠原则，向违法所得或者其他涉案财产所在地国（区）的主管机关请求协助执行。

请求函应当载明以下内容：

（一）案由以及查封、扣押、冻结法律文书的发布主体是否具有管辖权；

（二）犯罪嫌疑人、被告人涉嫌犯罪的事实及相关证据，但可能妨碍正在或者即将进行的刑事侦查的证据除外；

（三）已发布公告的，发布公告情况、通知利害关系人参加诉讼以及保障诉讼参与人依法行使诉讼权利等情况；

（四）请求查封、扣押、冻结的财产的种类、数量、价值、所在地等情况以及相关法律手续；

（五）请求查封、扣押、冻结的财产属于违法所得及其他涉案财产的相关事实及证据材料；

（六）请求查封、扣押、冻结财产的理由和法律依据；

（七）被请求国（区）要求载明的其他内容。

第二十三条　违法所得或者其他涉案财产在境外，受理没收违法所得申请案件的人民法院经审理裁定没收的，应当制作没收令以及协助执行没收令的请求函，层报最高人民法院后，由最高人民法院依照刑事司法协助条约、多边公约，或者按照对等互惠原则，向违法所得或者其他涉案财产所在地国（区）的主管机关请求协助执行。

请求函应当载明以下内容：

（一）案由以及没收令发布主体具有管辖权；

（二）属于生效裁定；

（三）犯罪嫌疑人、被告人涉嫌犯罪的事实及相关证据，但可能妨碍正在或者即将进行的刑事侦查的证据除外；

（四）犯罪嫌疑人、被告人逃匿、被通缉、脱逃、死亡的基本情况；

（五）发布公告情况、通知利害关系人参加诉讼以及保障诉讼参与人依法行使诉讼权利等情况；

（六）请求没收违法所得及其他涉案财产的种类、数量、价值、所在地等情况以及查封、扣押、冻结相关法律手续；

（七）请求没收的财产属于违法所得及其他涉案财产的相关事实及证据材料；

（八）请求没收财产的理由和法律依据；

（九）被请求国（区）要求载明的其他内容。

第二十四条　单位实施本规定第一条规定的犯罪后被撤销、注销，单位直接负责的主管人员和其他直接责任人员逃匿、死亡，导致案件无法适用刑事诉讼普通程序进行审理的，依照本规定第四条的规定处理。

第二十五条　本规定自 2017 年 1 月 5 日起施行。之前发布的司法解释与本规定不一致的，以本规定为准。

第四章 职务犯罪国际追逃追赃工作中的国外取证、作证和远程视频示证

职务犯罪国际追逃追赃工作中，通常遇到需要到国外取证，或者由办案人员、证人、鉴定人等到国外法庭作证，或者在国内通过远程视频提供证言等问题。这些工作都很重要，是整个追逃追赃工作的重要组成部分，有时甚至关乎整个工作的成败。特别是到国外作证或者在国内通过远程视频提供证言，与平常在国内开展侦查工作相比，要求更高、难度更大、需要注意的问题更多，因此有必要加以研究。

一、多措并举推进国外取证工作

当前，我国经济总量已经居世界第二位，成为第一大出口国、第二大进口国、第二大吸收外资国、第三大对外投资国、第一大外汇储备国。现在，我国改革开放进入新的历史发展时期，不仅要继续深化对外开放、引进外资，还要加快实施"走出去"战略。特别是随着"一带一路"（即"丝绸之路经济带"和"21世纪海上丝绸之路"）战略、亚太自由贸易区等的推进，我国的资本、技术、装备、产能等都将加快"走出去"的步伐，对外投资必将快速上升，由吸收外资大国同时转变为吸

收外资大国和对外投资大国，由外贸大国同时转变为外贸大国和对外投资大国。这些深刻变化，也将使查办职务犯罪工作面临很多新情况、新问题，侦查工作中的涉外因素会日趋增多。经济全球化带来了国家之间人财物的大流动，也带来了跨国犯罪的增多。近年来，检察机关查办的跨国贪污贿赂等职务犯罪呈明显增多的趋势，侦查工作中需要收集涉及国外的证据也越来越多。而职务犯罪国际追逃追赃，更是有很多的工作需要在国外开展。可以预见，将来查办职务犯罪案件工作中，纵使犯罪嫌疑人在案并没有潜逃到国外，要查清犯罪事实，收集相关证据，把案情查深查透，依法认定犯罪事实、惩治犯罪分子，不少案件可能也都离不开国外的证据支持，不少侦查取证工作可能也都需要国外的支持甚至赴国外取证。因此，研究国外取证问题，不仅是深入开展职务犯罪国际追逃追赃工作的客观需要，也是反腐败职务犯罪侦查工作适应我国发展大趋势的客观需要。

（一）请国外有关执法机关代为调查取证

在职务犯罪侦查工作中，通常要到国外收集、调取证据的主要有以下几种情形：一是犯罪嫌疑人潜逃国外，赃款也被转移到国外，在国外有大量的证人证言、书证、物证需要收集调取；二是犯罪嫌疑人在案但赃款被转移到国外，需要在国外收集调取相关证据；三是案件的重要证人特别是行贿人、犯罪嫌疑人近亲属等躲到国外，拒不回国作证；四是有的犯罪事实就在国外实施，相关证人证言、书证、物证需要在国外收集调取。需要取证的对象，既有中国公民，也有外国人；取证工作，有的可能比较简单好办，有的可能相当复杂难办。由于检察机关办案人员不能随意到国外取证，派员到国外取证的前提是取得有关国家同意和支持、配合；直接派员赴国外取证成本高，办理出国审批手续环节多，办理签证手续时间可能很长。为此，职务犯罪侦查工作中，包括国际追逃追赃中需要获取国外有关证据的，原则上以请求国外有关执法机关代为取证为主，凡是能通过代为取证解决的，都要尽可能地通过代为取证途径解决问题。

　　请求国外代为取证的，应根据我国与有关国家签订的双边刑事司法协助条约、共同缔结的国际公约，或者经双方协商同意的渠道、程序进行。对于承办案件的检察机关，主要是做好两方面的工作：一是认真评估案情。如需要获取的国外证据在整个案件事实认定中的重要性和取证的必要性，办案时限对国外取证工作的要求，国外证人的配合状况等，这些情况承办案件的检察机关最为清楚。案件承办单位要认真评估这些情况，从而研究哪些证据可以通过代为取证来解决，哪些证据需要到国外直接调取，哪些证据可以通过其他渠道取得，确保所提出的取证途径尽可能地符合国外取证的实际，能够比较稳妥、高效地取得国外的证据。二是认真准备有关材料，案件承办单位需要代为取证的，应当层报省级人民检察院，由省级人民检察院制作司法协助请求书，连同调查提纲、案件法律文书等材料，报最高人民检察院，商条约规定的中央机关办理或有关渠道办理，包括通过检务合作渠道办理。请求国外代为取证，与国内请求异地检察机关代为取证一样，请求方提供的案件材料应当尽量具体、详细、准确，取证需要解决的问题和要求要表述清晰、明了，便于被请求国执法机关理解、把握中方的请求和要求。需要向证人甚至犯罪嫌疑人取证的，要将已经核实清楚的证人、犯罪嫌疑人的姓名、性别、国籍、所持证件及其号码、职业、具体居住地点或地址、联系电话、电子邮箱等情况一并提供，以便被请求国执法机关能够高效地提供协助。

最高人民检察院有关业务部门经审查后，应及时商请有关中央机关的相关部门办理。外方反馈取证结果后，要及时将有关证据资料层转至案件承办单位。

（二）通过涉案单位、驻外中资机构等方面获取国外证据

对于能够通过涉案单位、驻外中资机构等方面获取的国外证据，检察机关应努力争取这些单位的支持和配合，请其收集有关证据并提供给检察机关。这种取证方式，与请国外代为取证或者派员赴国外取证相比，突出优势是效率高、成本低；前提是通过有关涉案单位等方面能够获取办案所需要的证据；关键是对案情要研究透彻，提出的要求明确具体；核心是做好有关人员的工作，确保能以合法、安全、有效的方式获取所需要的证据，确保证据的合法性、有效性。

（三）通过录音录像等方式获取证据

职务犯罪国际追逃追赃等工作中，有的需要向国外当事人调查的事实比较简单，有的则是当事人既不愿意到中国境内作证也不愿意与所在国执法人员接触。在这种情形下，如果得到有关人员的同意，案件承办也可以在国内通过电话录音、录音录像视频、信函、电子邮件

等方式，获取有关证言和相关书证。现代信息技术飞速发展，很多技术成果都可以运用到国外取证中。运用这种方式取证，要注意通过多种途径和措施，确保能证明所收集的证据是来自有关证人且客观真实，以增强证据的证明力。

（四）办案人员直接赴国外取证

对于确需办案人员直接赴外国取证的，一是必须事先得到有关国家的同意，未经其同意不得到国外执法。案件承办单位应将赴国外取证的理由、事项以及取证人员名单等一并层报省级人民检察院，由省级人民检察院书面报告最高人民检察院审查同意后，直接或商请有关中央机关向有关国家提出请求。待被请求国同意后，才能派员赴国外取证。二是事先做好沟通协调等工作。办案人员到国外取证，往往时间紧、任务重、要求高，必须事先与有关证人做好沟通工作，或者在国外执法机关与证人等协调好后再出国取证。三是严格遵守被请求国的法律。办案人员在国外开展取证工作，要在所在国执法人员在场的情况下向证人取证，或者办案人员协助、配合所在国有关人员开展取证工作，严禁自行以检察官或其他司法人员的身份开展工作。四是要注意工作方法。在国内取证有法律的强制性规定做后盾，并且通常有可以利用的制约因素。在国外取证与在国内取证差别很大，办案人员不可能强求证人作证，一些在国内可以使用的措施和办案技能在国外都不能使用。为此，办案人员必须更加注意理性、平和、文明、规范执法，注意谈话的方式方法，确保证人能自愿配合提供证言或有关书证、物证。

（五）利用边境区域执法合作渠道取证

对于需要到我国毗邻国家获取的证据，案件承办单位可以通过边境省份的省级人民检察院，利用边境区域执法合作渠道，在边境地区检察机关或有关部门的协助下，请有关国家的执法机关代为取证，或者派员出国取证。

二、积极稳妥地做好办案人员出国作证工作

职务犯罪国际追逃追赃中，有的犯罪嫌疑人在国外受到追诉时，外方可能要求中方检察机关的办案人员出国作证，以协助和支持外方的检控工作。鉴于办案人员出国作证往往关涉重大案件，只能成功不能失败，而且与国内侦查人员出庭说明情况完全不同，因此有必要结合有关案件赴国外法庭出庭作证的经验，研究相关问题。

（一）解放思想，敢于出国作证

刑事诉讼法修正以前，检察机关以及其他侦查机关的侦查人员在国内是不需要出庭的，对出国作证更是有畏难情绪。对包括侦查人员在内的办案人员出国作证问题，首先是要解放思想，树立敢于出国作证的理念和信心。

1. 出国作证没有法律障碍且已积累了成功经验

侦查人员以及其他环节的办案人员出国作证，要克服两种不必要的担心和顾虑。一是认为没有法律根据。有的认为，我国刑事诉讼法没有规定侦查人员应当出庭作证。2012 年修正刑事诉讼法第 57 条之规定，在对证据收集的合法性进行法庭调查的过程中，现有证据资料不

能证明证据收集的合法性的，必要时侦查人员应当出庭。这种出庭说明情况，与到国外法庭出庭作证是完全不同的两回事。有的认为，根据上述刑事诉讼法规定，侦查人员可以出国作证，其他环节的办案人员不能出国作证，因为后者出国出庭在我国刑事诉讼法上没有法律根据。二是"怕"字当头。患得患失，怕担风险、怕出事出丑、怕作不好证，甚至以"外交无小事"来加以搪塞。

我们认为，对办案人员出国作证问题，第一，我国刑事诉讼法确实没有对此作出具体的规定，侦查人员在国内出庭说明情况与到国外法庭作证也是两回事，但是刑事诉讼法也没有规定禁止办案人员到国外法庭作证，而且根据刑事诉讼法第17条规定，办案人员出国作证并不违反刑事诉讼法的规定。因此，我们认为，理论上办案人员出国作证是没有法律障碍的，侦查人员可以到国外法庭作证，其他环节的办案人员或辅助人员出国作证也是可以的，不存在违背法律规定的问题，不存在没有法律根据的问题。第二，从实践看，我国已经有不少办案人员出国作证的成功先例。在2012年修正刑事诉讼法之前，我国刑事诉讼法并没有规定侦查人员要出席国外法庭说明情况，更没有出庭作证的规定。但在一些重大案件的国际追逃追赃过程中，就有侦查人员、公诉人员赴国外法庭作证的先例。只不过以往我国办案人员到国外法庭作证，包括赖昌星案中方证人赴加拿大作证，主要是到国外行政法庭作证。2012年11月，李华波案检察机关侦查人员赴新加坡作证，则是我国执法人员到国外刑事法庭作证的第一起案例。这些重大案件办案人员出国作证不仅确有必要，对有关案件的追逃工作意义重大，而且都顺利圆满完成出庭作证任务，没有出现纰漏，达到预期目的，得到各方面的肯定和好评。第三，任何事都有风险，但如果有风险就不干事，那什么事也干不成。出国作证确实难度大、风险高，但实践已经证明，只要准备充分，困难是可以克服的，风险也是可以防范的。仅仅因为有风险、有困难就不出国作证，一旦国外控方败诉，则风险更大、困难更大，就会使有关案件的国际追逃追赃工作陷入十分被动的局面。如果仅仅因为中方不出庭作证导致控方败诉，那外方也就难以再有效配合中方的工作。第四，"外交无小事"要求认真对待出国作证问题，包括出国作证时要严格遵守外事纪律，而不是说我国的办案人员就不能到国外法庭作证。

2. 加强与外方协调沟通，科学、全面评估出国作证的必要性

从实践看，办案人员出席国外法庭作证有三种情况，一是出席国外行政法庭作证，如国外启动移民遣返程序，在行政诉讼过程中，需要中方的办案人员包括侦查机关、检察机关的办案人员作为控方证人出庭。厦门远华特大走私案主犯赖昌星案，在加拿大遣返诉讼过程中，中方证人赴加拿大作证，就是到国外行政法庭作证。二是出席国外刑事法庭作证，如国外对中方逃犯以本国法律提起刑事诉讼，需要中方的办案人员作为控方证人出庭。江西省鄱阳县财政局经济建设股原股长李华波贪污巨额财政资金潜逃新加坡后，新加坡总检察署以李华波涉嫌在新加坡的犯罪对其提起刑事诉讼，中方证人就是到新加坡刑事法庭作证，协助新加坡检方指控李华波涉新犯罪。三是出席国外民事法庭作证，如在国外追缴赃款过

程中，控方需要中方办案人员协助出庭以应对有关的民事诉讼。中方办案人员到国外法庭作证，一般都是应国外控方的请求，作为控方证人来支持控方的主张。作证的主要任务，是证明有关涉案人系中国检察机关通缉的逃犯、其在中国的有关犯罪、其在中国以欺骗等手续骗取出境证件等事实，通过办案人员出庭作证以支持控方的有关主张。如李华波案中方证人赴新加坡法庭作证的主要任务，就是通过证人出庭作证，证实李华波在中国境内实施了严重的贪污犯罪，是中国检察机关通缉在逃的重大贪污犯罪嫌疑人，并且新加坡检方指控的犯罪即来自其在中国的犯罪，两者具有事实上和法律上的关联性，从而支持新加坡总检察署的指控。办案人员出国作证要证明的都是自己在办案中了解到的情况，或者是作为办案人员可以了解到的情况，而不是要证人去证明自己不了解或根本无法了解到的情况。因此，办案人员以证人身份出国作证，本身并不像一些人想象得那么复杂、神秘，更没有必要充满恐惧。面对外方出国作证的请求，首先是要克服心理障碍和惯性思维，如果畏首畏尾、不敢担当、怕这怕那，工作就无法开展。

　　办案人员出国出庭作证，表面上看是应对外方的诉讼，是支持外方控方的主张，但最终是为我国国际追逃追赃工作服务的，我们在支持国外执法机关工作的同时，其实也是在促进国际追逃追赃工作。因此，面对外方提出的请求，必须从国外追逃追赃的全局出发进行研究，审慎处理。既要坚持以我为主、认真对待，又不能盲目决策、轻率处理；既要考虑到各种风险和困难，又不能因风险而停滞不前。办案人员是否出国作证，关键取决于出国作证有无必要。要通过主动加强与外方的沟通和协调，详细介绍我方掌握的案情并提供有关证据资料，深入了解外方诉讼中遇到的问题和困难，全面评估我方办案人员出庭作证是否确有必要。对重大逃犯，如果确实需要出国作证的，该出去的就要出去。如果没有必要，就应与外方一起磋商不出庭的替代措施或补救办法，而不能简单地拒绝了事。

3. 出国作证有利于倒逼侦查水平的提高

根据修正后的刑事诉讼法第 57 条之规定，在对证据收集的合法性进行法庭调查的过程中，现有证据资料不能证明证据收集的合法性的，必要时侦查人员应当"出庭说明情况"。侦查人员出庭说明情况，可以由人民检察院提请人民法院通知其出庭，也可以由人民法院依职权通知出庭，或者由侦查人员主动要求出庭，最终由人民法院决定。但这种出庭说明情况，只是就侦查取证行为的合法性进行说明，与到国外法庭出庭作证是完全不同的两回事。

办案人员到国外法庭作证，通常是结合此前已经提交给法庭的有关证据资料，通过办案人员在法庭上的证言，借助证人之口，让法庭采信有关证据资料和当庭证词，进而支持控方的诉讼主张。因此，办案人员既要证明事实本身，如在中国境内实施的职务犯罪或非法移民的事实本身，又要证明其取证行为的合法性，甚至还要回答很多辩方律师提出的与案件本身没有关系的刁难问题。侦查人员对在侦查期间取得的证据资料，都要出席法庭当庭以直接、言词的方式向法庭进行陈述、说明，接受质询，并由法庭在听取控辩双方的意见后再决定是否采信，这在国外很多国家都是习以为常的事情。但这种诉讼制度与目前我国的诉讼制度相差极大，也对侦查取证工作提出了更高的要求。

随着修正刑事诉讼法的深入实施，国内法庭需要侦查人员出庭说明的情况将会越来越多。但是，目前仍有一些侦查人员对此不适应，不敢不愿出庭的心态还相当严重。党的十八届四中全会通过的《中共中央关于全面推进依法治国若干重大问题的决定》，提出"推进以审判为中心的诉讼制度改革，确保侦查、起诉的案件事实证据经得起法律的检验。全面贯彻证据裁判规则，严格依法收集、固定、保存、审查、运用证据，完善证人、鉴定人出庭制度，保证庭审在查明事实、认定证据、保护诉权、公正裁判中发挥决定性作用"。推进以审判为中心的诉讼制度改革、全面贯彻证据裁判规则，将对侦查机关（侦查部门）以及侦查人员的侦查水平提出更高的要求，相关法律也会进一步完善。也许在将来的某一天，我国的侦查人员也会像国外的侦查人员一样会出庭作证，而不仅仅是目前法律要求的"出庭说明情况"。因此，侦查人员等出国出庭作证，不仅是国际追逃追赃工作的客观需要，也有利于更新观念、倒逼侦查水平提高，适应以审判为中心的诉讼制度等改革。

（二）全力以赴，精心做好出国作证的准备工作

办案人员到国外法庭作证，大体上一般要经历审慎决策、出国前的准备和出国出庭三个阶段。一旦确定中方办案人员要出国作证，就必须以最高标准和最严格的要求，全力以赴地做好出国作证的准备工作，把工作做

到实之又实、细之又细。

1. 主动加强与外方的沟通磋商，全面、准确把握出国作证"证什么、用什么证、怎么证"的问题

办案人员到国外法庭作证，首先要全面、准确地把握外方有关诉讼所面临的形势、问题和困难，搞清楚办案人员为什么要出庭、出庭要证明什么、用什么证据资料来证明、通过什么方式来证明等问题。只有通过沟通磋商，把这些问题搞清楚了，准备工作才能做到有的放矢、对症下药，既因案而异、灵活应对，又能把握规律、提高效率。

一是围绕"证什么"与外方进行沟通磋商。中方办案人员作为控方证人出庭作证，要证明什么、支持什么、反驳什么，这是做好准备工作的前提和基础，不搞清楚这些问题，工作就没有方向和重点。为此，必须全面、准确把握外方控方的诉讼主张，控方遇到的问题和困难，外逃案犯及其辩护律师的有关主张、观点、策略及其事实和法律根据。如外逃案犯受到刑事检控，为脱罪必然绞尽脑汁、挖空心思地辩解自己无罪，对被查封、扣押、冻结的赃款必然会辩解为自己的合法收入，并且编造很多理由企图蒙骗法官，甚至以回国会受到刑讯逼供等毫无根据的理由来混淆视听。要通过沟通磋商，做到知己知彼，对有关诉讼特别是外逃案犯及其律师的主张、理由、根据进行全面分析，逐一梳理出需要中方证人证明的每一个具体问题以及每个问题中需要证人证明的具体事项。在梳理需要应对的问题时，总体上应当是宁多勿少、宁细勿粗，宁可多准备、细准备一些需要证明的问题，也不要遗漏有关问题，这样才能有备无患。

二是围绕"用什么证"与外方进行沟通磋商。一旦梳理出中方证人需要证明的问题，接下来中外双方就要研究确定用什么证据资料来支持证人的主张。为此，中方办案人员要全面、细致地向外方介绍我方掌握的有关案情和有关证据资料，积极、主动地针对辩方可能攻击、质询的重点问题，与外方详细沟通情况，研究需要提供、能够提供的证据资料。需要强调的是，职务犯罪嫌疑人在中国境内的犯罪事实，中国检察机关都取得了哪些证据，在国外法庭出示哪些证据最有利于支持控方的诉讼主张，作为中方的办案人员应当最为清楚。而外方检控机关的办案人员可能并不清楚，外方提出需要提供的证据有的也许对控方作用不大，有些有利于控方的证据外方并不掌握，需要我们主动地介绍情况，切不可只是被动地配合。我们既然要派员出庭作证，就要全力支持外方的工作，从确保其顺利胜诉而不败诉的角度考虑提供证据资料的问题，使中方提供的证据资料与外方的有关证据相互支持、相互印证，形成完整的证据体系和链条，有力支持控方主张。中方办案人员必须善于站在外方角度思考问题，必须让外方了解犯罪嫌疑人在中国境内的犯罪情况和证据情况，帮助其出主意、想办法来共同做好出庭工作，共同商定需要提供的证据资料。在介绍事实、证据的同时，还要介绍中国相关法律规定，使外方办案人员了解犯罪嫌疑人的犯罪行为或者非法移民行为，具体违反了中国法律的哪些规定，这些法律规定的具体内容及其理解、把握。

三是围绕"怎么证"与外方进行沟通磋商。作为控方证人到国外法庭作证，在出庭前必须先学习掌握出庭应遵循的规则和技巧，否则就不可能顺利出庭。一方面，证人必须学会如何配合控方出庭检控官员的工作，做到与控方人员紧密配合、密切合作、形成一体；另一方面，证人必须学会如何应对辩方律师的盘问甚至刁难问题。但对绝大多数办案人员而言，到国外法庭作证都是完全陌生的事情，在法庭上怎么作证才能达到出庭的目的，怎么作证才能既完成任务又不出现被动，遇到对方棘手的问题怎么回答？所有这些问题，都需要事前进行沟通磋商。要认真了解外方的有关诉讼制度、庭审规则、证人作证范围及方式、辩方律师提问策略及应对技巧、敏感问题的回应、证人权利保证等方方面面的知识。必须通过面对面的交流，在极短的时间内，使证人由不懂、不会到真懂、真会，真正掌握出庭作证的技能。总之，出国出庭与国内出庭的最大差别，就是诉讼规则不同。要成功作证，必须熟悉有关国家的诉讼规则，不打无准备之仗。不同性质的诉讼其诉讼规则不同，到不同国家出庭要求也不一样。必须结合每个案件，研究、学习相关国家的庭审规则，把握共性和特殊性，确保每次出庭都能吃透相关诉讼规则，适应庭审要求，并善于运用规则为我服务。

四是采取"请进来""走出去"相结合与外方进行沟通磋商。办案人员到国外法庭作证，常常都是重大案件，关系到国外有关诉讼的成败，关系到我国国际追逃追赃工作的顺利推进。出国作证的重要性，决定了必须与外方出庭官员要事前进行深入、友好、坦诚的沟通和磋商。由于相隔千山万水，加之语言不通、法律制度和诉讼制度不同，很多问题仅通过发函、电子邮件和电话沟通方式是解决不了的，必须双方坐下来进行面对面的探讨和研究。为此，中方在邀请外方办案人员来华磋商的同时，必要时还要主动走出去，及时到有关国家同外方办案人员就有关出庭事项进行磋商，深入了解外方的庭审时间安排、检控战略、庭审规则、辩护律师的辩护策略及惯用手段，共同研究证人作证需要准备的各项工作，共同磋商双方如何紧密合作确保证人顺利出庭。如李华波案，该案案发不是来自群众举报或有关部门发现，而是缘于李华波出国前写了三封信，并通过其妹夫黄贵生转交给鄱阳县财政局局长欧阳长生，以及自己的作案同伙徐德堂、张庆华，后潜逃至新加坡。2011 年 2 月 10 日晚 8 点左右，李华波的分管领导、鄱阳县财政局党组副书记程四喜接到了李华波打来的电话，称其搞走了财政局巨额公款，并已逃往加拿大。第二天，欧阳长青也收到了李华波留给他的信。"我从 2007 年 11 月份起，私自在信用社城区分社开设一个公司账户，并从外面刻了一枚印鉴，从 2007 年到现在止共挪用基建资金 9850 万元到此账户，把钱转出去，全部用于澳门赌场赌博。"在信中李华波不仅交代了自己作案经过，还将所有事情自己一人扛了下来，"账上资金的数额张庆华可以算清楚，因为他做过会计，但此事绝对与他无关，也与股里其他人无关，与城区信用社无关，一切都是我一个人亲手操办，我真是一个不忠不孝不义之人——父母都已年迈，而自己将亡命天涯，不知所终，在此，我也承诺，只要有机会，我一定归还这笔款项"。欧阳长青收到信后，鄱阳县财政局向县公安局报案，第二天县公安局决定以涉嫌挪用特定款物罪对李华波、徐德堂、黄贵生等人立案侦查。2 月 13 日，鄱阳县公安局依法移送县检察院管辖，当天县检察院以涉嫌贪污罪对李华波等人立案侦查①，从而揭开了李华波等人巨额贪污案的内幕。李华波留下的这三封亲笔信，既是案件来源，无论在国内还是国外法庭中，都是指控李华波贪污的重要证据之一，因为这些书信属于"不打自招"，有助于强化法官的内心确信，并且在庭审中取得先声夺人的效果。中方办案人员赴新加坡出国作证时，理应将其作为呈堂证据资料，从而发挥其在成功指控李华波犯罪中的重要作用。总之，对于出庭中的细节问题，都需要通过双方事前沟通磋商来解决。中方办案人员必须与外方人员一起，共同研究拟订我方证人出庭作证方案、证人出示证据的范围与方式、出庭作证人选。要利用赴国外磋商的有利契机，尽可能安排时间旁听相关国家法庭的庭审，请外方对证人进行初步的培训和出庭演练，从而更加直观地了解了外方法庭的审理规则，感知庭审氛围，增强出庭作证能力。这些，既有助于出庭准备工作，也能增进彼此的了解和感情。在磋商过程中，中外双方办案人员关心的重点、问题可能不同，外方关注的可能是谁来出庭、有哪些证据资料可以提供？中方关注的可能是怎么出庭、怎么应对控辩双方的交叉询问？因此，为了提高磋商效率，尽可能在有限的时间内把中方关心的问题搞清楚、问明白，事前就应梳理出需要外方介绍或解答的问题，把所有要了解的问题逐一整理出来，制成"问题清单"，在正式磋商前

---

① 戴佳：《跨国缉贪：逃之夭夭？回头是岸！——李华波案追逃追赃工作纪实》，载《检察日报》2015 年 5 月 10 日。

先提供给外方，让外方做好准备。这样准备的好处是，在磋商过程中，双方对对方关切的问题都事先做好了准备，从而就能科学分配磋商时间，提高磋商效率。

2. 审慎确定出庭作证的证人

办案人员到国外法庭作证，必须审慎地挑选出庭作证的人选。第一，证人必须在政治上绝对忠诚可靠，忠于党、忠于国家、忠于人民、忠于法律，在大是大非面前头脑清晰、立场坚定，经得起大风大浪的考验。这是挑选证人的前提。第二，证人必须是直接参与办案、非常熟悉案情的办案人员。一个案件往往有很多办案人员，但出庭的一般只有一人。出庭的证人应是亲自参与了办案工作、在办案工作中起到重要作用、对全案情况都非常了解的办案人员。第三，在层级上太高太低都不好，层级太高的人员以证人身份出国作证，无疑不是理想的选择，可能出现舆情炒作等问题；证人层级太低又没有说服力，需要结合实际确定合适人选。第四，证人应具备良好的心里素质和表达能力、应变能力、学习能力。在国外法庭作证，证人很有可能会受到辩方律师的无情"修理"，弄得不好、应对不当还真不能排除会"出洋相"。证人必须具有钢铁般的意志，能够临危不惧、处变不惊、冷静理智；必须具有较强的表达能力，普通话较好，能够随机应变，善于学会自己不懂的东西。在初步选定出庭人选后，中方要及时与外方沟通磋商，共同确定最终的出庭证人。

3. 扎实做好国内的侦查补证工作，及时将证据资料提供给外方

办案人员出国作证虽然决胜在国外，但成功的根基

在国内。国内侦查取证工作扎实、有效，是作证成功的基础。没有这个基础，一切都无从谈起。对于外逃案件，必须在国内侦查取证上下功夫，把国内工作做实、做细，努力做到事实清楚，证据确实充分，侦查取证行为合法规范，工作严谨细致，在程序上不留任何把柄和隐患。

对于需要出国作证的案件，有时仅仅查明外逃案犯在中国境内的犯罪事实是不够的，还要与国外检控的有关事实有内在的直接的联系，如要证明国外检控的一笔或几笔洗钱犯罪事实，其上游犯罪是来自国内的贪污、受贿犯罪，这些工作都不是中国检察机关能够独立完成的。要查清楚这些问题，收集相关证据，往往同时需要国外执法机关的配合，需要他们出面向有关证人、金融机构等收集相关证据。在此基础上，中外双方的办案人员要对整个案件的事实、证据进行全面的评估、审查、把关，从确保出庭万无一失的角度查漏补缺，不放过任何细节和问题。要研究、思考辩方律师会从哪些方面进行攻击、寻找破绽，会提出什么问题，从什么角度提出问题？哪些问题证人是完全可以说清楚的，哪些问题证人有可能说不清楚，哪些问题还需要进一步收集证据？经过反复研究，对于需要中方完善的证据，办案机关就要迅速开展工作，抓紧收集相关证据，确保不管辩方律师从哪方面辩护，出庭证人也能完全立于不败之地。对于因客观条件的制约，一时无法收集到的证据，要通过迂回包抄等办法来加以弥补。如中国检察机关查实某外逃案犯在国内贪污 5000 万元的犯罪事实，国外执法机关查获这名逃犯在该国有折合人民币 4000 万元的存款，但由于逃犯通过洗钱手段将赃款转移到国外，具体的洗钱经过一时无法查清。而逃犯本人又拒不认罪，并辩解其4000万元存款系其合法收入，但没有任何证据可以支持其主张。在这种情况下，办案机关就要对该逃犯在国内的收入及其支出进行全面的调查核实，收集相关证据，收入方面如逃犯及其家庭成员的工资收入和投资、理财、炒股收入等，支出方面除了日常支出还包括购买房产等，通过对收入支出的调查，足以证明这4000万元存款不可能来自其合法收入（包括非犯罪收入如违规经商的收入），那么虽然部分证据收集不到，同样可以证明是来自中国的贪污赃款，法官也不会轻易相信其无理狡辩。

对于需要向法庭提交的证据资料，办案机关要负责认真整理，并且确保在形式上符合要求。需要翻译的要及时请有资格的翻译机构组织翻译，需要公证的及时公证。总之，在证据形式方面需要注意哪些细节问题，事先都要向外方了解清楚，以免造成工作反复或重复劳动。实在来不及一次提供的，可以分期分批地提供，然后及时按程序提交给外方，便于外方检控官员熟悉情况、早做准备。

4. 加强对证人的培训，全面提高证人的综合素质

出国作证成功与否，最终要看证人庭上的表现，别人无法代替，也无法在庭审中为其提供帮助。作为证人，熟悉案情、熟悉中国法律和外方诉讼规则，这是起码要求。但在西方有的国家出庭作证，证人面临的最大考验有时可能还不是案件本身，而有可能主要是案外因素。如涉及党的领导、社会主义制度等政治性、大是大非的问题，涉及中国司法制度和司法实践、人权、死刑等方面的敏感问题。面对辩方律师提出这方面的问题，如果

回答不当，就有可能被国外媒体大肆炒作，后果就非常严重。而有的办案人员，由于平时办案任务异常繁重，整天忙于办案，到法庭上就可能缺乏政治上的敏锐性、警惕性，也不一定知道怎么恰如其分地回答这方面的问题。因此，为避免证人在庭上出问题、表现欠佳甚至损害国家形象，对证人必须从各个方面进行培训，必须在提高证人综合素质上下功夫，必须以最高标准和最严格要求进行出庭准备。

一是着力强化职责使命意识。需要出国作证的案件，社会各界高度关注，办案机关和中央有关单位为此都做了大量工作，外方给予了有力配合。出国作证作为国际追逃追赃工作的一个重要环节，不仅关系到追逃追赃工作成败，证人在法庭上的一言一行，也关乎国家形象，关乎党和政府形象，关乎整个中国检察官的形象，关乎中国人的形象，只能成功，绝对不能失败，绝对不能有任何差错。承办案件的检察院及其出庭人员必须从政治和全局的高度，不断深化认识，切实增强职责使命意识，确保圆满完成出庭作证任务。

二是着力消除畏难情绪。出庭作证人员平常忙于办案，身在办案工作第一线，在国内都没有以证人身份出席法庭接受质询的经历，到国外法庭作证压力就更大，容易产生畏难情绪。为此，必须强调出庭人员不是个人行为，不是个人孤军奋战。只要准备充分，没有解决不了的问题，没有克服不了的困难，从而坚定证人信心，鼓舞士气。

三是着力防止轻敌思想。证人由于没有出国作证的经历，容易习惯于按国内思维来对待国外出庭工作，证人要坚决克服轻敌思想，决不可心存侥幸、掉以轻心、麻痹大意。证人要停下其他工作，集中精力，全力以赴进行作证准备。有关检察院要举全院之力，支持和配合证人做好准备工作。

四是着力提升综合素质。证人要把出庭准备的过程，作为提升自身综合素质的过程，切实加强对刑法、刑事诉讼法以及法治理念、刑事政策、司法改革成果等各方面知识的学习，切实加强对有关国家政治、法律、诉讼制度和文化、习俗等方面知识的学习，使自己的综合素质在短期内有一个质的飞跃，实现"脱胎换骨"的变化。要树立打赢法律和政治"两场仗"的思想，既要有效指控犯罪，更要严防对律师提问回答不恰当在政治上"失分"。要认真分析辩方律师的提问策略和攻击点，从政治、法律、事实、证据、程序、证人诚信、人权、死刑、遣返等各个方面，预判律师可能提出的所有问题，逐一拟定回答提问的口径，并整理成书面材料，反复演练、完善，确保出庭时应对自由、滴水不漏。

五是有计划分步骤地做好不同阶段的工作。在出庭作证准备阶段要科学分配时间，大体上可以按以下次序准备：第一阶段主要任务是补充、完善证据，复印有关证据资料，对拟提供外方的证据要做到手续完备。一旦需要，即可送交外方。第二阶段则在内部进行系统的培训、演练，从而熟悉吃透案情。第三阶段则是针对辩方可能提出的敏感问题、防止媒体炒作等问题，研究应对口径。总之，要通过有计划有步骤地准备，就作证工作的具体要求、律师提出敏感问题的答复口径、妥善应对媒体等重要事项，进行通盘谋划，作出全面安排，制定详细预案，做到有备无患。

5. 加强与外方的协调沟通，严密出国作证手续

一是主动与外方加强联系，及时掌握外方庭审进展、外逃案犯及其律师的对抗策略、证人出庭作证的时间安排等情况，以便有针对性地调整国内的准备工作。

二是督促外方及时就证人出庭向我方提出正式司法协助请求书，以便办理国内的相关内部审批手续和出国护照。

三是防止在细节上出问题。证人出国作证往往有很多具体的问题要与外方事前做好协调，如果这些问题处理不好就会影响工作。如证人出庭时间确定后，还需要外国法庭及时发出证人出庭通知书，否则就无法成行，国内有关准备工作如办理有关人员的出国审批手续、预订机票等都难以开展。证人出庭的费用由外方承担，往返机票是由外方还是中方预订事先也要协调好。随同证人出国的有关人员需要注意哪些事项，也要先了解清楚，以免在细节上出问题。

（三）冷静应对，圆满完成出国作证的任务

1. 认真听取驻外使领馆的意见，自觉接受使领馆的指导

办案人员到国外出庭作证，面临人生地不熟等诸多困难，虽然在法庭上做证是个人的工作，但在国外很多方面必须接受我方驻外使领馆的指导。因此，办案人员到国外后要主动向使领馆报告工作，认真听取使领馆的意见、建议，严格遵守外事纪律。

2. 与控方反复进行沟通，确保庭上配合默契

办案人员赴国外法庭作证，主要任务是协助国外控方指控我方外逃职务犯罪嫌疑人涉及该国的犯罪或非法移民问题，并达到以下三个方面的目的：一是证实并让法官确信，该逃犯在中国境内实施了严重的贪污贿赂等职务犯罪（或者以虚假手段骗取出国证件等），是中国政府通缉在逃的职务犯罪嫌疑人，控方指控的犯罪即来自其在中国的犯罪，两者具有事实上和法律上的关联性。二是证人要通过对控方出庭检控官员和辩护律师提问的回答，合理运用庭审规则对有关问题进行解释等，使法官确信证人提供的证言和证据资料相互印证并且可以采信。证人要说服的是法官，而不是律师。外国法官对中国法律和司法实践均不可能熟悉、清楚，证人不仅要讲清楚逃犯在中国涉嫌的犯罪，还要依询介绍中国法律规定和中国司法机关公正执法的实践和做法，促使法官支持控方观点。三是通过庭上表现，展示并维护中国检察官理性平和文明规范执法的良好形象，竭力避免引发负面影响。证人要完成任务、实现出庭目的，必须与出庭检控官员紧密配合。为此，证人一般应提前几天赶赴国外，一方面是使身体得到休息，另一方面是留出一定时间与出庭检控官员当面磋商、沟通，让外方更全面了解中方案情，让证人更好地掌握配合出庭的技巧。外方想到的问题，证人要逐一解释、协商。没有想到的问题，也要主动提出，共同研究应对办法。由于角度不同，外方可能只关注出庭作证问题，而证人不仅要出好庭，还要关注庭审本身以外的很多事情。为此，证人的工作必须走在外方前面，比他们考虑更加周全、更加主动，确

保庭审中证人与出庭检控官员配合默契、天衣无缝。

3. 自信、沉稳地完成证人出庭作证任务

办案人员以证人身份到国外法庭出庭作证意义重大，责任重大。准备阶段必须举轻若重，对所有问题都要高度重视；一旦上了法庭，则要举重若轻，不管遇到任何困难，都要沉稳应对。证人在国外法庭作证，至少需要注意以下几个方面的问题。

一要准确定位。在法庭上，办案人员只是控方的证人而不代替控方，只是协助控方进行指控并接受辩方律师的质询，控方出庭检控官员是主角，我方证人是配角。最终检控成功与否，虽与我方出庭人员的表现关系重大，但主要责任在控方。法官会结合全案，即控辩双方出示的证据资料、证人证言以及交叉辩论的全部情况，对案件作出判决，并不完全或仅仅取决于我方证人的表现。办案人员摆正自己在法庭上的位置，既有利于减轻不必要的心理压力，也是与控方紧密配合的需要。

二要坚定信心。出庭作证的案件，我们都掌握了逃犯在国内犯罪等方面的大量证据，两国检控等各个层面合作良好，出庭前已经做了精心准备和培训，证人在庭上没有理由不充满自信。

三要尊重法官。在国外法庭上，法官处于至高无上的地位。证人必须尊重法官，上下庭和庭审中都要向其他证人一样遵守法庭规矩，要"入乡随俗"，该行礼的行礼，拿出文件、资料来回答问题和解释，事先要请示法官。法官让回答的必须回答，法官不让回答的就不回答，法官允许解释的才能解释。需要注意的是，有的国家法庭要求证人宣誓，对此要具体情况具体处理。如果宣誓程式是可以接受的，就应依照对方国家司法制度的规定宣誓。如果宣誓程式是我们所不能接受的，那么事先就应与控方协商灵活和变通的办法。因此，出庭前证人必须与控方详尽沟通，事前了解出庭时需要注意的问题，防止在庭上陷入被动。

四要实事求是。即要诚信作证，不说假话。是就是，不是就不是，知道的就知道，不知道的就不知道。一切以事实和证据说话，不可主观猜测，更不可添油加醋，给法官留下诚实、可信的印象。

五要领会意图。既要领会控方提问的意图，更要防止落入辩方律师问题背后的圈套。要在仔细听清问题后再回答，回答问题要不慌不忙、不急不躁，语速不可太快，一般可看着文件、资料回答，便于法庭记录。有问必答，不问不答。问什么答什么，只回答提出的问题，不回答没有提出的问题，问到哪里答到哪里。

六要善用规则。出庭证人必须反复学习出庭检控官员介绍的庭审规则、律师提问时的惯用手段和应对策略。如没有领会提问的意图或者一时难以回答的，可以以没有听清问题、不明白提问的意思等为由，请再重复一遍或请翻译再说一遍，而不要急于回答。对无法简单地回答"是"或"否"的问题，可以请示法官同意以后再解释，包括不知道的事情、时间太长记不住的事情，均可以如实解释。对回答错了的问题，要通过再次提问环节配合控方进行解释、纠正。对与案件无关的问题，控方会提出抗议，法官会作出裁决，此时就不要急于回答，而应等待出庭检控官员来应对；如果他没有反应过来，可以没有听清为由请对方重说一次，以此来"提醒"出庭检控官员。总之，务必要仔细听清问题，不明白的就问，只回答证人知道的事情，需要解释的就在法官同意后尽量解释清楚，始终专注于与案情有关的问题，就能应对律师的各种刁难问题。

七要举止得体。出庭证人要着装整洁，言行儒雅。回答问题要简明扼要、简洁明了。语言要通俗易懂，不说地方话、口头禅。涉及法律问题，要法言法语，用词准确、精练。

八要沉着冷静。不管辩方律师如何纠缠甚至羞辱，证人都要始终做到从容不迫、冷静理性、心态平和、应对自由。坚持用事实说话、用证据说话，通过这种办法进行有理有节的斗争。特别是对方律师想方设法来激怒证人时，必须保持清醒头脑，绝不落入其设下的圈套。例如，如果律师提问"中国是不是有很多官员经商"，证人回答"是"与"否"都容易给自己造成被动，甚至可能影响国家的形象。而如果回答"中国法律是严禁官员经商的，我在办案中极少见到此类现象"等既符合实际，又比较得体的话。就能既维护我们国家的形象，也就使律师难以继续纠缠。再如，对于涉案犯罪数额特别巨大的逃犯，如果律师提问犯罪嫌疑人回国后是否被判死刑或者重刑，证人不管回答"是"与"否"，同样也可能会给自己造成被动。因为，根据我国法律，对于被告人的定罪量刑，那是人民法院的权限，作为侦查人员是不能对此作出回答的。如果证人简单地回答了这个问题，反而可能授人以柄，律师可能就会借题发挥、小题大做、穷追猛打，迫使证人防不胜防甚至乱了方寸。如果必须回答类似问题，那就应按照我国法律的规定来回应，而不能简单地回答会或者不会判死刑或者重刑。

4. 采取最周全的保密措施，竭力防止媒体炒作

需要办案人员出国作证的案件，往往容易引起所在国媒体的炒作。为防止证人出庭时媒体炒作，必须采取最周全的保密措施，确保尽量能避免被媒体发现，悄无声息地完成作证任务。要确保所有参与人员其活动都符合有关国家的法律规定，绝不授人以柄。公开场合一律不谈论案情。同时，要事先准备好有关应急预案和应对口径，确保证人出庭时一旦遇到媒体记者采访时能妥善处理、科学应对。

三、扎实做好远程视频示证工作

在职务犯罪国际追逃追赃工作中，除了办案人员可能要出国作证，还会遇到其他证人如案情的知情人、鉴定人或者专家证人等需要出国作证的问题。对这些证人出国作证的有关工作，与办案人员出国作证既有共性又有差别，不少工作可以参照上述办案人员出国作证的有关要求来处理，故这里不再展开。但是这些人员毕竟不是检察机关的办案人员，对其要求也不能完全与办案人员一致，不过在原则性问题上则必须一致，如必须忠于祖国、忠于事实、忠于法律，其作证有利于国际追逃追赃，到国外严格遵守外事纪律，等等。总体上，鉴定人、专家证人出庭作证准备工作相对简单，检察机关只要与外方和证人做好协调，出国作证也会顺利，不会出现大的问题。而其他证人如果要出国作证，则需要全面权衡，审慎研究，一般情况下能不出国作证就不出国作证，尽量采取其他替代措施。而远程视频示证就是替代证人出

国作证的措施之一。

所谓远程视频示证，通俗地说就是中方证人在国内通过远程视频系统向国外法庭作证，并接受控辩双方交叉询问质询的作证方式。这种新型作证方式依托现代信息技术，实现了证人不需出国就能实现跨国作证的目的，是对传统作证方式的突破和创新，既直观、真实，又能节约办案成本，提高办案效率，特别是在跨国执法合作中当证人不能、不愿意或者不方便出国作证时，其优越性就尤为明显。近年来我国公安机关、检察机关已多次采用这种方式与美国、加拿大等国执法部门成功开展合作。如在美国诉许超凡等人案件中，2005年2月，根据《中美刑事司法协助协定》，美方就该案向中国司法部提出请求，请求安排中国证人赴美作证或者派员来华作视频取证。经中方批准并在最高人民检察院、司法部派员指导下，5位中国证人通过音频传输设备在广州向远在美国拉斯维加的法庭提供了证人证言，并接受相应的质证。本次取证共持续8天，有3位证人接受询问，其中在押的同案犯余振东作为污点证人，接受询问约20小时，控辩双方共发问1000多次。通过证人作证，美国检方向法庭提供了充分确凿的证据证明许超凡等人触犯了美国移民法，有力地支持了美国政府的指控，实现了有效追究犯罪的目的①。

在职务犯罪国际追逃追赃工作中，中方证人向外方

---

① 张晓鸣、鲍艳：《跨国视频音频取证问题初探》，载黄风、赵琳娜主编，张磊执行主编：《国际刑事司法合作：研究与文献》，中国政法大学出版社2009年版，第81页。

提供证词一般有两种方式，一是外方执法人员到中国向有关证人取证，录取有关证词，二是证人通过远程视频系统直接向外国法庭作证。无论是采取哪种方式取证，前提是外方向中方依据条约或互惠原则向中方提出取证请求，在中方中央机关审查同意后方可进行。这是维护国家司法主权的必然要求。一般情况下，为了服务和实现追逃追赃的目的，如无特殊困难，中方也会同意并协助安排证人作证。做好远程视频示证工作，具体应把握好以下问题。

第一，确定作证人选。远程视频作证的人员既可以是案件的知情人，也可以是办案人员、鉴定人员或者专家证人（这里的专家证人是指鉴定人以外的、就案件涉及的法律或者有关问题提出专业意见的证人）。知情人既可以是普通公民，也有可以是在押的犯罪嫌疑人或已决案犯等特殊证人。必要时，上述证人都可以通过远程视频的形式作证。中外双方在协商证人人选时，总体上应服从和服务于国际追逃追赃工作的需要，作为外方控方的证人其证词能够支持控方的主张。在此基础上双方确定证人人选后，有关地方检察机关即应抓紧与有关证人联系，征求其作证的意见，力求其能自愿配合作证。对于无法找到的证人以及不愿意或者客观上不能作证的，应及时层报最高人民检察院，以便于与外方再次协商其他作证人选。

第二，确定作证范围。确定作证范围要解决的是证人证什么的问题，这与确定作证人选是一个问题的两个方面。作证范围决定作证人选，作证人选要知晓作证范围。只有确定了每个证人的作证范围，才能有针对性地对证人进行培训，证人也才能知道如何做好作证的准备工作。

第三，确定其他参与人员。远程视频作证除证人外，还需要三种人员的参与或者保障，整个作证工作才能顺利开展。一是双方参与作证工作的执法人员，如双方熟悉案情的办案人员、双方有关中央机关的工作人员等。双方应成立联合工作组，共同协商推进作证工作的顺利开展。二是技术保障人员、翻译人员等参与人员。其中，翻译人员对作证工作至关重要，因为证人证词最终要靠翻译人员的准确翻译才能为外方所理解。在选择翻译人员时，不仅要考虑其外语水平，还要考虑其法律素养、工作背景以及翻译内容涉及的专业知识，在正式作证前，翻译人员要更多地了解案件背景和作证内容，确保作证过程中能顺畅翻译，达到预期目的。三是其他保障人员，如必要时安排医务人员在场，后勤保障人员等。

第四，确定作证时间、地点和费用。通过远程视频向外国法庭作证，由于两国往往相距遥远存在时差，如中方白天外方是晚上或者相反外方白天中方则是晚上，为此双方必须协调好作证时间，确定某月某日具体的某时段，从而既保证外方正常的开庭时间，又保障中方证人能有合理的休息时间。在作证地点选择上要考虑双方法律对证人作证的要求、技术保障等因素。对于一般证人、鉴定人等，可以考虑在检察机关办公场所或者宾馆、电视电话会议中心等场所作证，对于在押人员一般应在监管场所内进行。双方还要就作证费用进行协商确定，一般的证人、鉴定人等的差旅费、食宿费及误工补偿等费用，由请求作证的外方承担，其他费用则友好协商解决。

第五，切实加强对证人的培训。远程视频作证与证人到国外法庭作证，除了证人不用亲身到国外法庭作证外，其他方面没有本质区别。因此，对证人作证的要求和应对能力、技巧，与直接到国外法庭作证也没有本质区别。而办案人员到国外法庭包括在国内远程视频作证都需要培训，其他证人要完成视频作证任务，就更需要事先进行有效的培训，否则证人是很难顺利完成作证任务的。而在作证过程中，一旦证人应对不当被辩方律师抓住破绽，就会陷入被动，甚至前功尽弃。证人作证的重要性和艰巨性，要求中外双方办案人员必须加强合作，共同指导和帮助证人了解作证范围、外方的法律制度、庭审规则和辩方律师提问方式及应对技巧等，确保不打无准备之仗，确保证人能实事求是地作证并沉稳应对辩方律师的提问，确保视频作证能达到预期目的。至于具体的培训、准备工作，可参照办案人员赴国外作证的有关内容，故这里不再展开。

第六，切实做好技术保障。远程视频作证某种程度上类似于电视电话会议，目前技术上是成熟的。但由于涉及两个国家的视频系统，要确保双方的视频系统能够清晰、稳定、顺畅地相互传输作证的图像和声音，就必须提前制定安全、可靠的技术保障方案：一是双方采用的技术、设备要相匹配，而不能冲突；二是相关设备质量要高，确保作证时图像、声音的清晰、顺畅；三是要有设备加密、电源保护、冗余备份等设备。双方技术人员要密切合作，事先进行调试，作证过程中始终在场做好技术保障。

总之，远程视频作证虽然有证人不用出国的优势，虽然可以减少不少麻烦和节约办案成本，但由于对其作证要求没有变化且需要借助现代信息技术，因此某种角度看作证准备和配套工作也很多，同样需要严谨、细致，参与这一工作的所有人员都要高度负责、全力以赴、齐心协力，共同努力完成作证任务，并且在作证后及时总结，为今后开展此类作证提供经验①。

对于外方执法人员到中国向证人取证、录取证词的问题，如上所述，外方应先提出正式请求，请求书应包括取证对象、取证内容和取证时间、取证人员等内容。中方收到外方正式请求后经审查同意的，即由相关地方检察机关做好准备，与有关证人预先进行联系、协调，确保届时证人能配合取证。正式取证时，由最高人民检察院单独或者会同有关中央机关派员指导和地方检察机关协助下，由外方办案人员直接向证人进行取证。总体上，此种形式的取证其工作相对容易开展，故不详述。

---

① 周晓永：《国际执法合作中的远程视频取证》，载黄风、赵琳娜主编，张磊执行主编：《国际刑事司法合作：研究与文献》，中国政法大学出版社2009年版，第224—239页。

第五章　职务犯罪国际追逃追赃工作中的防逃和国内侦查、协作

　　做好职务犯罪国际追逃追赃工作，一是要将已经外逃的犯罪嫌疑人追捕归案并追缴赃款，全力消化外逃存量，二是要防止新的外逃案件发生，努力遏制外逃增量。要完成这两大任务，要求必须加强防逃工作，必须扎扎实实做好国内的侦查工作。

一、牢固树立防逃与追逃并重的思想，切实加强防逃工作

　　加强防逃工作是深入推进反腐败斗争的重要任务，需要各方面的共同努力。检察机关首先要立足职能，扎扎实实做好自身的防逃工作。同时，要结合追逃实际，认真查找防逃工作的薄弱环节，为加强整个国家的防逃工作提出有价值的意见和建议。

　　（一）加强防逃工作的重要意义

　　我们认为，坚决防范职务犯罪嫌疑人潜逃国外，其重要性可以概括为两个方面。

　　第一，与犯罪嫌疑人外逃后的追逃、追赃相比，预防犯罪嫌疑人外逃更是一项治本之策。如果事前采取了有力的防控制施，使腐败分子不能潜逃到国（境）外，

不仅可以化解国际追逃追赃工作中的各种困难，节约大量的司法资源，而且能够震慑其他妄图潜逃的腐败分子，使其不敢不能潜逃、不敢不能将赃款转移到国外。因此，在全力追捕已经外逃案犯的同时，必须同步加强防逃工作，坚决防止新的外逃案件的发生。

第二，加强防逃工作是高压反腐新常态下的客观要求。党中央历来高度重视防止违纪违法国家工作人员外逃工作。各地各部门在中央纪委的统一组织协调下，采取了一系列强有力的防逃措施。如在严格出入境证件管理方面，我国出入境证件发证和管理工作大为加强。通过对全国居民身份证进行彻底核查、解决一人持有多个身份证等问题，有效防止了腐败分子使用假名、虚名或他人名义等方式获取出入境证件；电子护照的推行，将使腐败分子再难以持伪造的护照潜逃出境；公职人员因公因私护照必须交单位或有关部门统一管理的严格要求，使腐败分子纵使有了护照也难以轻易出逃。这些表明我国防范外逃的笼子越织越密，防范外逃的能力不断增强，防范外逃的手段不断丰富。只要切实将有关规定和要求落到实处，将从根本上减少外逃案件的发生，职务犯罪嫌疑人将越来越难以潜逃国外。在看到防逃工作的有利条件的同时，也要看到防逃工作面临的严峻形势。在全面从严治党的新形势下，反腐败力度持续加大，有腐必反、有贪必肃已经成为新常态。极少数腐败分子仍会有侥幸心理，仍有可能企图潜逃国外以逃避法律制裁。而随着中国对外开放的拓展和深入，公职人员出国的机会也会增多，使防逃的难度又有可能增大。如何既确保对外投资、合作等工作的顺利进行，又有效防止公职人员出境后滞留不归，是需要不断深入研究和探索的课题。对于行贿犯罪嫌疑人，由于公民出境越来越方便，也可能比较容易潜逃国外以躲避查处。因此，在新形势下必须更加重视防逃工作，更加需要加强防逃工作，特别是要坚决防止层级较高的腐败官员出逃国外。

（二）增强防逃意识，依法采取边控等措施防逃

检察机关作为职务犯罪的侦查主体，必须将防范犯罪犯罪嫌疑人外逃的要求和工作贯穿于侦查办案各个环节，落实到各级侦查部门和侦查人员，使全体侦查人员都增强防逃意识，善于依法运用各种措施防逃。

一是加强初查阶段的防逃工作。在初查阶段包括线索受理及管理工作中，由于没有立案也无法采取强制措施，对涉案人员的信息掌握又很有限，一旦走漏风声，就有可能导致被举报人或调查对象被惊动后出逃。因此，初查阶段是最容易被忽略的地方，也是防逃工作的重中之重。做好防逃工作就要关口前移，切实加强初查阶段的防逃工作。关键是要切实做好保密工作，严肃办案纪律，严格控制知情面，严惩通风报信者，坚决防止因失密泄密而导致对象潜逃。同时，要转变切实初查模式。在信息化、大数据时代，侦查办案必须向信息化要战斗力。要改变以往一些地方收到举报线索后，就四处公开、半公开地开展核查的做法，初查阶段要尽可能通过足不出户的"网上初查"来掌握对象的基本情况，从而增强工作的保密性。初查不仅要调查对象是否涉嫌犯罪，还要调查其是否有出入境证件、是否有子女及配偶等已经移民国外或者在国外学习、工作等情况。对于重大案件

线索，在决定初查后，更应首先调查其是否有出入境证件。随着检察机关信息化建设的推进，今后检察机关查询公安机关出入境证件信息的渠道将更加通畅，效率将极大地提高，从而为防逃工作提供了极大的便利。根据调查结果，对持有出入境证件的对象，及时制定相应的防逃方案和应急措施。

二是依法及时果断采取边控等防逃措施。边控措施也称为"口岸出入境控制"，是出入境口岸的边防检查部门依据国家法律法规，对特定人员实行的各种查控措施，按照控制的范围可以分为特定口岸控制和全国口岸控制，具体包括"扣人，并通知交控单位""不准出境，并通知交控单位""不准出境，入境掌握动态并通知交控单位""掌握出入境动态，并通知交控单位"四类边控措施。按照有关规定，省以下检察机关需要对犯罪嫌疑人及其他涉案人员在全国各出入境口岸采取边控措施的，应层报省级人民检察院审查同意后，由省级人民检察院向驻本省、自治区、直辖市出入境边防检查总站或公安边防总队交控。其中，采取"扣人"边控措施的，必须出具逮捕证、拘留证等限制人身自由的法律文书；采取"不准出境"边控措施的，要慎重使用扣留证件的手段，如需扣留或收缴中国内地居民和港澳台居民所持出入境证件的，须依法出具扣留或收缴证件的法律文书，依法不得要求扣留或收缴外国人和无国籍人员的出入境证件。实践证明，边控措施是开展防逃、追逃工作中的有力武器，及时采取边控措施可以有效地防止犯罪嫌疑人或涉案人员潜逃出境。但无论采取何种边控措施，前提是都要掌握被控对象持有的全部有效出入境证件类型及号码。

上述边控措施中，扣留人员措施仅适用于已经立案的犯罪嫌疑人（或被告人），而其他三种边控措施既适用于犯罪嫌疑人，也适用于未立案的涉案人员。检察机关要主动加强与公安、边防、电信等相关部门的协作配合，发现涉案人员有潜逃迹象的，在坚持依法办理的前提下，对没有立案的重要涉案人员也可以依法采取边控措施阻止其出境。

　　要严格按照公安部《边控对象通知书》和《关于提请采取边控措施的说明》等办理交控手续。边控期限一般为 3 个月，如需继续边控的，应当在控制期限届满前按原交控渠道提请续控。在控制期限内，交控的人民检察院无须对交控对象继续边控的，如交控对象被查获、案件已了结等，应当按原交控渠道提请撤控。要积极配合边检机关对疑似交控对象的甄别核实工作，对查获的采取扣人措施的交控对象，交控的人民检察院应在接到边检机关通知后 24 小时内，到查获交控对象的边检机关办理移交手续。如因特殊情况无法办理移交手续的，应委托查获地人民检察院于 24 小时内办理移交手续。交控、续控或改控均应按《中华人民共和国出境入境管理法》等法律规定执行并提供相应说辞和法律依据。

　　边控措施虽然是掌握犯罪嫌疑人及其他涉案人员出入境动向，防范犯罪嫌疑人外逃的重要手段，但也一定程度上限制了查控对象的行动自由，又是一项十分严肃的工作。检察机关既要注意充分发挥各项边控措施在查办案件中的积极作用，又要依法、规范运用，防止错控、漏控，切实做到严格审查、严格把关，尤其是在立案前对涉案人员采取边控措施的，必须审慎使用，防止滥用、误用。除边控措施外，在条件具备时，也可采取商请其所在单位按出入境证件必须统一管理的规定，要求其上交证件等方式来防止其出境。

三是坚决防止立案侦查的对象潜逃。对已经立案但侦查阶段没有羁押的犯罪嫌疑人，在采取取保候审、监视居住措施的同时，要依照刑事诉讼法的规定，对其出入境等证件予以暂扣，由司法机关暂时保存，以防止其潜逃；对已经潜逃出境的对象，要及时办理拘留、逮捕等手续，并采取上述"扣留人员"的边控措施，确保一旦入境时就能被控制、抓获。

（三）持之以恒地做好境内追逃工作，最大限度地减少和避免由境内逃匿转化为潜逃境外情况的发生

职务犯罪嫌疑人有的是先在境内潜逃，然后伺机潜逃到国外。因此，做好国内追逃工作，不仅是惩治职务犯罪的必然要求，也是防范嫌疑人潜逃国外的重要途径。检察机关要全面掌握本地区在逃人员的基本情况和信息，锲而不舍地加强境内追逃工作。一旦发现涉案人员潜逃，就要安排专门力量迅速采取切实可行的缉捕措施，及时将在逃人员缉捕归案。要根据本地区实际情况，采取追逃专项行动等方式，强化统一组织指挥，切实提高追逃成效。公安机关的追逃网络实现了与民航机票预订、乘机安检、宾馆酒店住宿登记系统联网，要加强与公安机关的协作配合，充分利用公安网上追逃优势，对所有潜逃人员都要无例外地统一上公安追逃网，尽可能把在逃人员围堵、缉捕在境内，防止其潜逃境外。

要注意做好通缉与网上追逃的衔接。通缉是刑事诉

讼法规定的一项侦查措施，目的是将在逃犯罪嫌疑人抓获归案。通缉措施按发布范围可分为区域性通缉和全国通缉。办案单位如果对在逃犯罪嫌疑人办理全国通缉措施，需要提供立案决定书、逮捕证、在逃人员信息登记表、犯罪嫌疑人照片、省级人民检察院出具的奖励承诺等材料，层报最高人民检察院审查后商请公安部办理。其中的在逃人员信息登记表必须从公安追逃网上下载打印，对追逃人员办理全国通缉的前提必须是已经办理网上追逃手续。网上追逃是公安机关通过内部网络，直接将在逃人员信息发布到全国各级公安机关，从而对每个上网的追逃对象达到全国通缉的目的。目前，公安系统主要是依靠网络来实现全国范围内的通缉，只有对罪行极其严重的在逃犯罪嫌疑人才会按传统方式，发布书面的全国通缉令。对于一般的在逃犯罪嫌疑人，只要及时通过当地公安机关上网追逃，就能够达到全国通缉的目的。以上说明，从追逃角度看，其实只要上了公安追逃网就，没有必要再发布传统意义的通缉令。但是，根据修订后刑事诉讼法规定，除犯罪嫌疑人死亡的案件外，对于逃匿的，只有经通缉一年不能到案，才能适用违法所得没收程序。为了切实发挥违法所得没收程序在追逃追赃中的作用，对该通缉的还要发布通缉令，但是只要在本地区发布通缉令就可以满足适用违法所得没收程序的需要。

二、扎扎实实做好国内侦查取证和业务指导等工作，为国际追逃追赃奠定坚实基础

做好国际追逃追赃工作，基础在国内。国内工作扎

实，外方真诚配合，二者缺一不可。检察机关要以最大的决心、采取最有力措施，扎扎实实做好国内各个方面的工作，为国际追逃追赃工作奠定最坚实的基础。

（一）切实做好侦查取证工作，及时收集固定证据

证据是刑事诉讼的核心和基石，所有的刑事诉讼活动都是围绕证据而展开的。证据也是国际追逃追赃工作的基石，没有证据追逃追赃工作就无法开展。逃犯归案后，要指控和证明犯罪，需要证据作支撑。要外方协助追逃追赃，也需要证据支撑。没有证据作支撑，外方就无法配合中方的工作。从实践来看，凡是成功的国际追逃追赃案件，没有不是侦查取证工作扎实有效的；凡是侦查取证不得力的案件，国际追逃追赃工作就必然更加艰难。侦查取证做得好的案件，国际追逃追赃不一定能在短期内达到目的；但侦查取证做得不好的案件，国际追逃追赃就难以顺利推进。在国际追逃追赃工作中，外方的工作是不完全以中方的意志为转移的，不少工作更是承办案件的检察机关无法左右的。但是，国内的侦查取证工作是完全可以发挥主观能动性的，只要努力工作是可以取得成效的。对于承办案件的检察机关而言，加强国际追逃追赃工作，首先就是要做好国内的侦查取证工作。

一是要及时开展侦查取证工作。检察机关一旦发现犯罪嫌疑人外逃后，就要迅速开展侦查取证工作，依法及时收集、固定犯罪证据，及时追查赃款赃物的下落，及时采取强制措施，及时采取查封、扣押、冻结等措施。

没有立案的依法及时决定立案侦查，从而为侦查取证和国际追逃追赃工作的开展提供依据。侦查取证越及时，开展工作的难度就越小，就能最大限度地将有关证据收集到位。千万不能有犯罪嫌疑人归案后再好好开展工作的思想，这种消极等待的做法会使侦查取证限于被动。因为外逃案犯被追捕归案都需要一个过程，如果不抓紧开展工作，错过了取证的最佳时机，时间拖得越久工作就越难开展，证据就越难以收集到位。以致时过境迁，有的涉案公司可能因兼并重组、破产倒闭而不存在了，有的证人也无法找到甚至出国、病故了，从而有可能导致犯罪事实都无法查清，境外追逃追赃工作就很难开展。

　　二是要全面开展侦查取证工作。对于外逃案件，侦查取证工作要从三个方面展开。第一，要全面收集涉嫌犯罪的证据，既收集涉嫌犯罪证据，也要收集往国外转移赃款的证据，从而为将来在国外以洗钱犯罪对其追诉做准备。第二，要全面收集犯罪嫌疑人及其家属以虚假名义办理出国证件、假离婚、假结婚等方面的证据，为将来在国外以非法移民进行遣返做好准备。第三，要全面收集犯罪嫌疑人合法收入以及经商、理财等方面的证据，查清相关问题，为将来启动违法所得没收程序追赃时做好准备。总之，外逃案件的侦查取证范围要大于犯罪嫌疑人在押案件，对于犯罪嫌疑人在押案件，只要查清犯罪事实即可，只有涉嫌巨额财产来源不明罪的，才需要对其合法收入等进行甄别。对于外逃案件，之所以要扩大侦查取证的范围，是因为追逃不仅限于刑事手段，还可以通过非法移民遣返等手段来达到追逃目的，因此必须多角度来开展取证工作。

三是要严格依法进行侦查取证。侦查取证必须严格依法进行，这是刑事诉讼法的基本要求，是全面依法治国的必然要求，是国内所有侦查工作的基本要求。对于外逃案件，侦查期间收集的证据可能还要提交到国外法庭以支持对逃犯的各种指控，这些证据不仅要经得起国内法庭的检验，还要经得起国外法庭的检验。外逃案犯在国外受到追诉时，其聘请的律师也会研究中国的法律，更会在证据的合法性和效力上做文章、寻找破绽。因此，国内侦查取证工作更要严格依法、规范进行，做到在程序上绝对合法而没有瑕疵。否则，若被逃犯律师抓住把柄，要求法官不采信相关证据，就使相关诉讼限于被动，进而影响整个国际追逃追赃工作。

四是要因案施策地开展侦查取证工作。职务犯罪外逃案件性质各异，有的是贪污、挪用公款，有的则是行贿受贿；检察机关在犯罪嫌疑人出逃前掌握的证据也是有多有少，有的掌握了不少证据，有的则没有掌握很多的证据，或者只是纪检监察、审计等机关掌握了一定的证据。而犯罪嫌疑人潜逃后，客观上使侦查取证的难度增大，特别是贿赂案件犯罪嫌疑人潜逃后侦查难度就更大。因此，对于外逃案件，侦查取证工作要因案而异，具体情况具体分析，尽最大努力去克服困难，尽最大可能收集各种证据。对于贪污、挪用公款、私分国有资产等有账可查的案件，纵使犯罪嫌疑人在逃没有办法获取口供，但基本事实是可以查清的，基本证据也是可以收集到的。关键是必须认真、迅速、周密细致地开展工作，竭尽全力地收集相关书证、物证和证人证言、视听资料，并且全力查清赃款的来龙去脉，尤其要查清其往国外转移赃款的事实。中国银行广东开平支行特大贪污挪用公款案件以及江西鄱阳县财政局李华波等人贪污案的实践都表明，案犯在逃对贪污型案件的侦查取证工作影响是不大的，至少是有限的。只要努力，就可以基本查清这些逃犯涉嫌的犯罪事实，基本固定其涉嫌犯罪的证据。

对于贿赂犯罪嫌疑人外逃的案件，虽然一时无法获取逃犯的口供，虽然侦查取证的难度更大，但是仍然有很多工作是可以开展的，很多情况下同样可以基本查清犯罪嫌疑人的犯罪事实或者部分犯罪事实。对于此类案件，一是全面评估侦查工作的有利和不利因素，抓住有利条件及时开展工作。如受贿犯罪嫌疑人潜逃国外，但行贿对象并不知道其已经潜逃，这时就可以迅速找到行贿人突破其口供，并将有关证据收集到位。如果贻误取证时机，一旦行贿人知道受贿人潜逃到了国外，再找其取证就难度很大。对于受贿人在押而行贿人潜逃的，除一时难以获取外逃行贿人本人的证词外，其他取证工作实际上仍然是可以稳妥进行的，从而力争基本上查清有关行贿受贿事实。二是在无法对全部问题开展查证的情况下，应把比较容易查证的犯罪问题作为重点，集中精力开展侦查取证工作，努力将部分犯罪事实查清楚，将相关证据收集到位，这样也能为对外开展追逃追赃工作提供证据支持。三是有时受贿人外逃导致无法向行贿人直接取证，甚至行贿人也逃匿国外、行贿受贿双方的口供都无法获取。在这种情形下，也应通过内部和外围开展侦查取证工作。如受贿人为行贿人谋取过利益，其牟利行为和经过在其单位必然留下或多或少的书面记录，如其审批过的文件、主持召开会议的记录等，行贿方面也会有其他知情人。这些工作可以通过有关单位内部调取或者协调有关部门出面调取。在外围取证方面，只要有行贿受贿就会留下蛛丝马迹，而不可能只有行受贿两人知情，尤其是在信息化、大数据时代，更会留下很多电子数据，除转账记录外，还有双方通话的记录、双方在某地见面的监控记录等，这些证据也要及时收集、固定。如果不及时收集有关书证和证人证词，时间久了就可能无法再收集了。而且这些证据收集后，对于追逃追赃工作同样会起到作用。特别是对于受贿人在国内为行贿人谋取利益而在国外收取贿赂的案件，及时收集国内的证据，再商请国外执法机关查证有关行贿受贿事实，把两方面事实和证据结合起来，就能有力地认定和指控犯罪。

总之，国际追逃追赃工作决胜在国外，但根基始终是在国内。国内侦查取证工作扎实、有效，是追逃追赃成功的基础。没有这个基础，就难以开展反腐败国际合作。对于重大外逃案件，更应在国内侦查取证上下功夫，把国内工作做实、做细，努力做到基本事实清楚，基本证据确实充分，侦查取证行为合法规范，工作严谨细致。

（二）强化管理、细化责任，持之以恒地追逃

加强职务犯罪国际追逃追赃工作，检察机关既要坚决防止出现"新案"，又要努力消化"积案"。由于错综复杂的原因，现有"积案"很多都是多年前发生的案件，潜逃时间长、追逃难度大。要消化这些积案，必须坚决贯彻落实习近平总书记"腐败分子即使逃到天涯海角，也要把他们追回来绳之以法，5年、10年、20年都要

追"的指示精神，切实增强责任感和紧迫感，既打攻坚战，通过开展职务犯罪国际追逃追赃专项行动等方式，努力取得阶段性成效，也要树立长期作战思想，坚持打持久战，持之以恒地加强国际追逃追赃工作，直至将所有的外逃案犯都追捕归案，不达目的决不放松工作。要对外逃案件进行清理，切实加强管理，逐案逐人落实追逃责任。一是搞清现状。要逐案逐人就涉嫌犯罪事实情况、在案证据情况、法律手续情况、赃款流向及查扣情况、逃犯在国外的最新信息以及案件事实证据等存在的问题等，进行梳理，把每个案件的现状搞清楚。二是制订方案。要在认真梳理现状的基础上，逐案逐人制定追逃方案、提出工作计划，抓紧开展工作；需要上级协调解决的，及时请示报告。三是落实责任。要逐案逐人落实追逃工作的负责人和承办人，使追逃工作始终有人管、有人抓、有人具体负责，千方百计地开展工作。对重大案件，更要确定专人负责，紧盯不放，全力追捕。四是强化管理。要逐案逐人建卷立档，承办人工作变动的必须做好交接，确保始终有专人负责，追逃工作绝不断档。五是完善手续，需要补办国际通缉的及时补办，需要采取其他追逃措施的及时采取。总之，承办案件的检察机关对追逃和查证工作始终都不能放松，需要补充完善证据的及时收集、完善证据，随时按有关部门或有关国家的要求，提供相关文件、材料或证据，并做好出境押解人犯、接受遣返人犯或出境取证、追赃等方面的准备工作，以免关键时刻工作被动甚至错失良机。

对新发生的犯罪嫌疑人潜逃国外的案件，要依法及时立案、决定逮捕或拘留，及时商公安机关对其网上追逃、边控、进行国际通缉。要迅速查明嫌疑人的详细情况，包括涉嫌的主要犯罪事实，出逃时所持出境证件及号码，逃往的国家或地区以及其在境外居住地址、电话号码等情况，并按照外逃案件备案报告制度等有关规定，逐级上报至最高人民检察院，为开展国际追逃追赃和取证等工作做好准备。

加强情报信息工作。要将外逃案犯追捕归案，前提是要掌握其下落。这既要靠外国的支持配合，也离不开国内的工作。嫌疑人外逃后，多数都会与国内亲属等联系，从而追查到其在国外的下落。检察机关要协同本地公安机关坚持不懈地收集相关情报信息，必要时依法采取有关侦控措施，尽最大努力收集逃犯在国外的各种信息，为有针对性地制定追逃措施提供情报信息支持。

（三）加强对追逃追赃工作的统一领导和内部协作，增强检察系统整体作战和快速反应能力

职务犯罪国际追逃追赃工作专业性强，不仅要懂侦查和国内法律，还要懂外国法律和外语，需要专门人才，而且很多工作都需要中央机关直接办理或出面协调解决。加强检察机关国际追逃追赃工作，必须发挥检察机关领导体制的优势，强化最高人民检察院和上级检察院的领导作用，使上下级检察机关之间以及不同内设机构之间分工负责、紧密协作、协调一致地开展工作，增强整体作战能力和快速反应能力。

强化最高人民检察院的统一领导和业务指导作用。检察机关的国内追逃和日常侦查工作，一般情况下都由各地在法治轨道下展开，而国际追逃追赃工作由于涉及

国与国之间的关系，很多工作就必须在最高人民检察院的统一领导和协调下开展。很多工作地方检察机关无法替代。多年来特别是近年来，在反腐败国际追逃追赃工作中，最高人民检察院任务异常繁重，作用至关重要，做了大量卓有成效的工作。如加强宏观指导工作。通过对外逃案件的统一备案管理，及时、准确掌握全国外逃案件和追逃追赃工作情况，确保情况明、底数清。贯彻中央决策部署，结合工作实际，及时对全国检察机关国际追逃追赃工作包括专项行动作出部署、进行宏观指导。针对追逃追赃工作中的新情况、新问题，及时制定有关文件或司法解释，加强法律政策研究，总结推广成功经验，加大培训力度，有针对性地指导和规范工作。加强对具体案件追逃追赃工作的业务指导。尤其是对于需要通过引渡、遣返等途径追逃的案件，都是在最高人民检察院的有力指导下，地方检察机关的工作才能有序开展。对内加强与中央纪委以及外交部、公安部、司法部等的协作，共同研究协调工作。对外要加强与各国检察、执法司法机关的合作。总之，在职务犯罪国际追逃追赃工作中，最高人民检察院的职责和角色都是多方面的，既要做好宏观指导，又要做好个案指导，既是检察系统内部的最高决策者，又有很多具体工作需要亲力亲为，其工作量是任何下级检察院都无法比拟的。

加强职务犯罪国际追逃追赃工作，必须把中央与地方的作用都发挥好，进一步强化省级院的责任。对基层检察院而言，辖区内外逃案件毕竟很少，且国际追逃追赃难度大、成本高、见效慢。要克服"重办案轻追逃"思想，克服"逃到国外就没办法"思想，真正使各地都持之以恒、坚持不懈地追逃，必须强化省级检察院的责任。省级检察院必须起到承上启下的作用，肩负起对本地区境外追逃工作的指导和督办职责。特别是外逃案犯多、追逃任务重的省级检察院，应当有相对固定的若干工作人员，集中精力从事本地区国际追逃追赃的组织指挥、协调等工作，对本地区在逃案件逐一进行督办和指导，从而尽快追回一批逃犯，努力消化本地区的积案，并切实做好防逃工作。

检察机关国际追逃追赃工作不仅是侦查部门的任务，同时也是侦查监督、公诉、国际合作等内设机构的重要职责，很多工作都需要各内设机构分工负责、共同努力才能完成，案件的成功追逃追赃也是各个内设机构之间共同努力的结果。如对外逃案件，侦查监督部门依法及时做好审查决定逮捕工作，为发布红色通缉令提供了重要的法律手续。外逃案件大多数都缺乏犯罪嫌疑人的口供，在案件证据上有其特殊性，难以完全按照在案案犯的证据来把握逮捕的证明标准。侦查监督部门在对外逃案件进行审查逮捕时，既严格依照法律规定，又充分考虑此类案件的特殊性，从而服务于国际追逃工作大局。公诉部门对外逃案件的同案犯依法及时提起公诉，由人民法院依法作出判决，对追逃追赃工作就能提供有力的支持。运用违法所得没收程序追缴外逃案犯的违法所得及其他涉案财产，依法及时向人民法院提出没收申请，做好出庭等工作，更是公诉部门的重要职能。国际合作部门作为检察机关国际追逃追赃的重要力量，不仅承担着与国内有关部门和国外有关机构之间协调、联络等重要职能，在检察系统内部很多工作也需要其去完成或指导。因此，加强检察机关国际追逃追赃工作，必须加强检察机关内部不同内设机构之间的协作配合，有效整合内部资源，充分发挥各个内设机构的作用，使各内设机构之间协调一致地高效开展工作。

总之，职务犯罪国际追逃追赃工作必须发挥上下级检察机关以及不同内设机构的整体作用，上级检察院有关内设机构要切实加强业务指导，努力为下级检察院服务；下级检察院既要做好侦查取证、审查决定逮捕、出庭公诉等工作，在对外合作中也有很多工作需要落实。只要上级检察院科学指挥，下级检察院抓好落实，上下齐心协力、紧密协作、步调一致，就能增强快速反应和整体作战能力，不断提高国际追逃追赃能力和成效。

三、坚持党的领导，主动加强与有关部门的协作配合，形成国际追逃追赃工作的强大合力

坚持党的领导是检察工作必须遵循的政治原则，也是做好检察工作的根本保证。检察机关职务犯罪国际追逃追赃及防逃工作是反腐败斗争的重要组成部分，是检察机关肩负的重要政治任务，必须坚持党的领导、紧紧依靠党的领导。一要坚决贯彻党中央的决策部署。党中央对职务犯罪追赃追赃以及防逃工作高度重视，及时作出重大决策部署，为检察机关指明了方向。各级检察机关必须认真学习党中央的决策部署，统一思想，提高认识，不折不扣地抓好贯彻落实，不断取得职务犯罪国际追逃追赃和防逃工作新成效。二要自觉接受组织协调。党中央决定在中央反腐败协调小组下设立国际追逃追赃工作办公室，统筹负责研究提出反腐败追逃追赃政策建

议和工作计划，汇总分析外逃案件信息，协调和督促做好有关基础工作，为检察机关提供了强有力的支持和保障。地方各级党委反腐败协调小组对职务犯罪国际追逃追赃工作都高度重视。检察机关必须自觉接受中央反腐败协调小组国际追逃追赃工作办公室和地方各级党委反腐败协调小组的组织协调，特别是对中央反腐败协调小组国际追逃追赃工作办公室协调督办的重大案件，更要全力以赴地开展工作。三要主动请示、报告。各地检察机关对辖区内发生的职务犯罪外逃案件以及追逃追赃工作，都要及时向党委或党委反腐败协调小组请示、汇报；对于特别重大案件，及时向中央反腐败协调小组国际追逃追赃工作办公室请示、报告。四要认真总结成功经验，结合实际研究加强职务犯罪国际追逃追赃以及防逃工作的意见、建议，为党委和有关部门提供参考。

加强职务犯罪国际追逃追赃工作，检察机关责无旁贷。但这项工作是一项复杂的系统工程，涉及方方面面，不少工作超出了检察机关的职责范围，必须由有关部门出面进行或负责完成，需要多个部门的全力参与和通力合作。如办理对外逃嫌疑人的通缉和边控离不开公安机关的协作，查找和监控嫌疑人赃款的去向离不开金融、外汇管理等部门的协作，获取嫌疑人的行踪离不开公安、安全、交通、电信、海关、边防及驻外机构等部门的配合，出国办案离不开外交部及其驻外使领馆的配合等。各地检察机关在履行好自身职责的同时，必须积极争取有关部门的支持，主动介绍、沟通情况，并且全力配合开展工作，使各有关部门充分发挥职能作用，做到既各司其职，又紧密协作。要加强经常性的联系，建立信息定期通报制度，健全协调配合的长效机制，提高合作质量和效率。特别要注意与外事部门沟通，使追逃工作和发展与其他国家友好合作关系相结合。要服从和服务于国家改革开放和经济建设大局、外交大局。

特别需要提出的是，根据党中央确定的《关于在北京市、山西省、浙江省开展国家监察体制改革试点方案》以及《全国人民代表大会常务委员会关于在北京市、山西省、浙江省开展国家监察体制改革试点工作的决定》，在北京市、山西省、浙江省及所辖县、市、市辖区设立监察委员会，行使监察职能。试点地区人民政府的监察厅（局）、预防腐败局及人民检察院查处贪污贿赂、失职渎职以及预防职务犯罪等部门的相关职能整合至监察委员会。实行监察体制改革，设立监察委员会，建立集中统一、权威高效的监察体系，是事关全局的重大政治体制改革。上述全国人大常委会的《决定》自 2016 年 12 月 26 日起施行，试点地区检察院的反贪等部门将有序转隶到新设立的监察委员会。监察委员会与纪委合署办公。这样，试点地区职务犯罪国际追逃追赃工作也随之转到新的监察委员会，并将得到进一步的加强。同时，试点地区检察院虽然将不再是国际追逃追赃工作的主要力量，但也仍然应发挥职能作用，全力配合监察委员会开展国际追逃追赃工作。将来国家监察体制改革在全国推进后，我们坚信职务犯罪国际追逃追赃工作必将更加顺畅、高效，防逃能力和水平也会得到更大的提高。

四、做好涉港澳个案协查工作

香港、澳门是我国的特别行政区，职务犯罪追逃追赃实践中涉及港澳的工作，是我们国内不同法域之间的事情，是一个国家内部的事情。但由于这方面工作的复杂性和要求的特殊性，故有必要做以下简要介绍。

改革开放以来尤其是香港、澳门回归祖国以来，内地与港澳之间的经济联系、人员往来日益频繁，检察机关侦查贪污贿赂犯罪中涉及港澳的案件也比较多，如有的案件的书证、赃款赃物需要到港澳调取，有的案件需要向港澳居民取证，等等。为此，检察机关积极探索，加强与港澳有关方面的协作配合，建立健全涉港澳个案协查制度，规范个案协查工作。最高人民检察院在总结实践的基础上，下发有关文件，就涉港澳个案协查工作提出了明确要求，保障和促进了涉港澳个案协查工作的顺利进行。

1. 坚持"一国两制"。香港、澳门回归祖国以后，与内地实行"一国两制"。因此，检察机关侦查涉及香港或者澳门特别行政区的案件，既不同于国与国之间的国际合作，也不同于内地检察机关之间的侦查协作，而必须坚持"一国两制"，即在一个国家的前提下，在充分尊重香港、澳门特别行政区法律和司法权的前提下，与港澳有关执法机关进行个案协查。同时，这种协查是双向的，既有内地检察机关提请港澳有关部门的协查，也有内地检察机关向港澳有关部门提供的协查，对港澳有关部门提请内地检察机关协查的事项，检察机关也要认真办理。

2. 严格提请协查程序。检察机关办理涉港澳职务犯罪案件，提请协查的方式主要有两种，一是代为调查取证；二是派员赴港澳取证。对这两种方式都有严格的程序要求。（1）请求港澳特区有关部门代为调查取证的，负责办理案件的检察院应当提出报告书，并附详细的调查提纲和有关法律文书的复印件，经省级检察院审查后，上报至最高人民检察院。最高人民检察院审核同意后，由最高人民检察院个案协查办公室将案件材料转送港澳特区有关部门办理。（2）重特大案件、主要证人或重要证据在港澳特区的案件或协查需要办案人员在场提供、补充信息和建议的案件，请求派员赴港澳调查取证的，负责办理案件的人民检察院应当提出报告书（含拟赴港澳人员名单），并附详细的调查提纲和有关法律文书的复印件，经省级检察院审查后，上报至最高人民检察院。最高人民检察院审核同意后，由最高人民检察院个案协查办公室将案件材料转送港澳特区有关部门，并联系落实相关事宜；在得到港澳特区有关部门同意后，批复有关省级人民检察院。省级人民检察院根据最高人民检察院的批复在当地办理赴港澳特区手续，并由最高人民检察院或者最高人民检察院指定广东省人民检察院派员陪同前往。办案人员在港澳期间，要严格遵守当地法律，严守办案纪律。

3. 严格追捕渠道。检察机关发现犯罪嫌疑人已被派往香港或澳门特别行政区工作的，可商请派出机关以一定理由将其调回内地。犯罪嫌疑人拒绝返回内地的，或者犯罪嫌疑人是潜逃到香港或澳门特别行政区的，必须由省级人民检察院报告最高人民检察院，由最高人民检察院商请公安部通过国际刑警组织对犯罪嫌疑人发布红色通缉令，请求港澳警方协助抓捕该犯罪嫌疑人。如犯罪嫌疑人属于非法进入港澳地区的，还可通报港澳特区的司法部门，请求其遣返犯罪嫌疑人。总之，检察机关不能未经我国港澳地区有关部门同意，直接到我国港澳地区抓捕犯罪嫌疑人。